Plätzchen und mehr

Leckere Plätzchen, Pralinen und Lebkuchen

vivo buch

Plätzchen und mehr

Leckere Plätzchen, Pralinen und Lebkuchen

vivo buch

Einleitung

Plätzchen und mehr!

Für viele Menschen ist das Weihnachtsfest das Fest der Liebe und der Familie. Dabei pflegt jede Familie seit Generationen ihre ganz eigenen Festtagstraditionen. So gehören zu Weihnachten nicht nur das gemeinsame Singen von Liedern, weihnachtliche Bräuche wie der Kirchgang am Heiligen Abend und Geschenke für die Lieben, sondern auch der besondere weihnachtliche Duft von leckerem Weihnachtsgebäck und frisch geschlagenen und geschmückten Weihnachtsbäumen. Das gemeinsame Backen von köstlichen Weihnachtsplätzchen ist in den meisten Familien zu Beginn der Adventszeit einfach Pflicht. Dabei steht nicht das Naschen von frischen Weihnachtsplätzchen und Lebkuchen an erster Stelle, sondern das gemeinsame Zubereiten und Verzieren durch Eltern und Kinder.

Wer schweift nicht in schöne Erinnerungen zurück, wenn er an die gemeinsamen Weihnachtsfeiertage mit der Familie in der eigenen Kindheit denkt. Neben der großen Vorfreude auf die Geschenke, den Besuchen von Freunden und Verwandten sowie dem gemeinsamen Schmücken des Christbaums am Heiligen Abend erinnern sich viele wehmütig auch an den unvergesslichen Geschmack der vielen verschiedenen Weihnachtsplätzchen von der Mutter und der Großmutter. Wie herrlich es in der ganzen Küche duftete, wenn wieder ein fertiges Backblech voller golden gebackener Plätzchen aus dem Ofen gezogen wurde. Ungeduldig schlich sich so mancher als Kind heimlich rein, um schnell ein noch warmes Weihnachtsplätzchen zu ergattern.

Auch heute noch backen zur Adventszeit in vielen Familien die Eltern mit ihren Kindern gemeinsam die kleinen weihnachtlichen Leckereien und zelebrieren diese Tradition als vorfreudiges Weihnachtsereignis. Das Abmessen der einzelnen Zutaten, das Verkneten des Teiges, das Ausrollen und Ausstechen der einzelnen Plätzchen wie auch das geduldige Verzieren der fertig gebackenen Köstlichkeiten – bei all diesen Arbeitsschritten helfen auch kleine und große Kinder immer gerne mit. Wenn dann am Ende des Tages zur Belohnung für die große Hilfe auch noch ofenfrische, köstlich verzierte Plätzchen auf dem Teller landen, ist die Freude bei allen groß. Dank der großen Farbbilder, der nach Verwendung geordneten Zutatenlisten und der detaillierten Schritt-für-Schritt-Anleitungen gelingen diese weihnachtlichen Leckereien auch Anfängern in der Weihnachtsbackstube sofort und ohne Probleme.
Probieren Sie einfach die verschiedenen Weihnachtsplätzchen-Ideen aus – Ihre Lieben werden begeistert sein!

Viel Spaß beim Ausprobieren, gutes Gelingen und einen guten Appetit wünscht Ihnen

Ihre Redaktion.

Inhalt

SPRITZGEBÄCK

MÜRBETEIGPLÄTZCHEN

MAKRONEN

LEBKUCHEN

MARZIPANGEBÄCK

GEFÜLLTE PLÄTZCHEN

PRALINEN

KLASSIKER AUS DER BACKSTUBE

Spritzgebäck

Pistazientaler

ZUTATEN

Für den Rührteig:
100 g Puderzucker
250 g sehr weiche Butter
Saft von 1 Limette
1 Ei, 300 g Mehl

Außerdem:
Backpapier für das Blech
200 g Vanilleglasur
(Fertigprodukt)
50 g gehackte Pistazien

Pro Portionen:
Für ca. 30 Stück:

Schwierigkeit:
mittel

Zubereitungszeit:
30 Minuten

ZUBEREITUNG

1. Den Puderzucker in eine Schüssel sieben. Die Butter und den Limettensaft dazugeben und das Ganze mit den Schneebesen des Handrührgerätes schaumig schlagen. Das Ei kräftig unter die Creme rühren. Das Mehl auf die Creme sieben und alles zu einem glatten, zähflüssigen Teig rühren.

2. Den Teig in einen Spritzbeutel mit großer Lochtülle füllen und kleine Häufchen auf ein mit Backpapier ausgelegtes Backblech spritzen. Die Taler im auf 180 °C vorgeheizten Backofen 10–15 Minuten backen.

3. Die fertig gebackenen Taler aus dem Bachofen nehmen, auf ein Kuchengitter setzen und vollständig auskühlen lassen.

4. Die Vanilleglasur nach Packungsanweisung schmelzen. Die Taler zur Hälfte in die Glasur tauchen, auf ein Kuchengitter setzen und mit gehackten Pistazien bestreuen. Die Glasur vollständig abtrocknen lassen und die Pistazientaler bis zum Verzehr in einer Plätzchendose kühl aufbewahren.

Schnelle Kaffeeringe

ZUTATEN

Für den Rührteig:
100 g Puderzucker
100 g sehr weiche Butter
1–2 TL Instant-Kaffeepulver
1 Päckchen Vanillearoma
2 Eier, 150 g Mehl
40 g Kakaopulver

Außerdem:
Backpapier für das Blech
Puderzucker zum
Bestäuben

Pro Portionen:
Für ca. 30 Stück:

Schwierigkeit:
mittel

Zubereitungszeit:
30 Minuten

ZUBEREITUNG

1. Den Puderzucker in eine Schüssel sieben. Die sehr weiche Butter, das Kaffeepulver und das Vanillearoma dazugeben und das Ganze mit den Schneebesen des Handrührgerätes schaumig schlagen.

2. Die Eier einzeln nach und nach kräftig unterrühren. Das Mehl mit dem Kakaopulver vermischen, auf die Creme sieben und alles zu einem glatten, zähflüssigen Teig rühren.

3. Den Teig in einen Spritzbeutel mit Sterntülle füllen und auf ein mit Backpapier ausgelegtes Backblech Ringe aufspritzen.

4. Die Kaffeeringe in dem auf 180 °C vorgeheizten Ofen 10–15 Minuten backen. Die fertig gebackenen Kekse aus dem Backofen nehmen, auf ein Kuchengitter setzen und erkalten lassen.

5. Die Kaffeeringe mit Puderzucker bestäuben und bis zum Verzehr in einer Plätzchendose kühl aufbewahren.

Kokoszungen

ZUTATEN

Für den Rührteig:
150 g sehr weiche Butter
75 g Puderzucker
1 TL geriebene Orangenschale
2 Eigelb
175 g Mehl

Außerdem:
100 g Zartbitter-Schokoladenglasur
75 g Kokosraspel

TIPP:
Zum Auslegen von Backformen und Backblechen eignet sich Backpapier sehr gut. Die Formen müssen nicht gefettet werden und sind nach dem Backen mühelos zu reinigen. Außerdem löst sich das Gebäck sehr leicht aus der Form oder vom Blech.

ZUBEREITUNG

1. Die Butter mit dem gesiebten Puderzucker und der Orangenschale in eine Schüssel geben und mit den Schneebesen des Handrührgerätes weißschaumig aufschlagen.

2. Die Eigelbe einzeln einrühren und kräftig darunterschlagen. Das Mehl auf die Creme sieben und unterrühren.

3. Den Teig in einen Spritzbeutel mit Lochtülle füllen und 4–5 cm lange Stäbchen auf ein mit Backpapier ausgelegtes Backblech spritzen. Die Plätzchen in dem auf 180 °C vorgeheizten Backofen etwa 10 Minuten backen.

4. Das fertig gebackene Spritzgebäck aus dem Backofen nehmen, leicht abkühlen lassen, auf ein Kuchengitter setzen und vollständig erkalten lassen.

5. Die Schokoladenglasur nach Packungsanweisung schmelzen und das Spritzgebäck zur Hälfte damit überziehen oder vorsichtig in die Glasur tauchen, auf ein Kuchengitter setzen und die Kokosraspel auf die Glasur streuen. Die Glasur vollständig fest werden lassen und die Kokoszungen bis zum Verzehr in einer Plätzchendose kühl und dunkel aufbewahren.

Grundrezept Spritzgebäck:

1. 250 g weiche Butter mit 100 g gesiebten Puderzucker mit einem Schneebesen verschlagen. 1 Päckchen Zitronenaroma hinzufügen und ebenfalls mit einem Schneebesen weißschaumig aufschlagen.

2. Ein Ei dazugeben und kräftig darunterschlagen.

3. 300 g gesiebtes Mehl ebenfalls hinzufügen und darunterrühren.

4. Anschließend den Teig in einen Spritzbeutel mit Stern- oder Lochtülle füllen und den Teig auf ein mit Backpapier ausgelegtes Backblech spritzen und in dem auf 170 °C vorgeheizten Backofen etwa 10–15 Minuten backen.

Pro Portionen:
Für ca. 30 Stück:

Schwierigkeit:
mittel

Zubereitungszeit:
30 Minuten

Teegebäck

ZUTATEN

Für den Teig:
400 g weiche Butter
150 g Puderzucker
1 Päckchen Vanillezucker
2 Eigelb
600 g Mehl
1 EL Kakaopulver

Außerdem:
100 g Vanilleglasur (Fertigprodukt)
100 g Belegkirschen

ZUBEREITUNG

1. Die Butter mit dem gesiebten Puderzucker und dem Vanillezucker in eine Schüssel geben und mit dem Schneebesen sehr schaumig schlagen.

2. Die Eigelbe einzeln, nach und nach kräftig unterrühren. Das Mehl auf die Eicreme sieben und vorsichtig unterrühren. Anschließend den Teig in zwei Portionen teilen.

3. Eine Hälfte des Teiges mit dem gesiebten Kakaopulver vermischen und in einen Spritzbeutel mit Lochtülle füllen.

4. Mit dem Teig Kreise auf ein mit Backpapier ausgelegtes Backblech spritzen. Den hellen Teig in einen Spritzbeutel mit Sterntülle füllen und diesen in die Teigkreise dressieren.

5. Die Plätzchen im auf 180 °C vorgeheizten Backofen etwa 10 Minuten backen.

6. Die fertig gebackenen Plätzchen aus dem Backofen nehmen und auf dem Backblech vollständig auskühlen lassen.

7. Die Vanilleglasur in eine feuerfeste Schüssel geben und im Wasserbad nach Packungsanweisung schmelzen.

8. Die Belegkirschen halbieren und mit der Vanilleglasur auf die Plätzchen kleben.

9. Das Spritzgebäck auf ein Kuchengitter setzen und die Vanilleglasur vollständig abtrocknen lassen.

10. Das Spritzgebäck bis zum Verzehr in einer Plätzchendose kühl und dunkel aufbewahren.

Variation:

Jeder kennt den typischen Geschmack von Lebkuchen, Weihnachtsplätzchen und Glühwein. Die traditionellen Gewürze sind es, die den unverwechselbaren Geschmack und den so herrlich aromatischen Duft ausmachen, ohne die Weihnachten unvorstellbar wäre.

Pro Portionen:
Für ca. 60 Stück:

Schwierigkeit:
mittel

Zubereitungszeit:
30 Minuten

Butterkringel

ZUTATEN

Für den Teig:
200 g Butter, 200 g Zucker
2 Päckchen Vanillezucker
1 Päckchen Orangenaroma
1 Ei, 1 Eigelb, 400 g Mehl
1 gestrichener TL Backpulver

Außerdem:
75 g Aprikosenmarmelade
75 g Hagelzucker

Pro Portionen:
Für ca. 50 Stück:

Schwierigkeit:
Leicht

Zubereitungszeit:
30 Minuten

ZUBEREITUNG

1. Die Butter mit dem Zucker, dem Vanillezucker und dem Orangenaroma in eine Schüssel geben und mit den Schneebesen des Handrührgerätes weißschaumig schlagen.

2. Das Ei und das Eigelb einzeln kräftig unter die Creme schlagen. Das Mehl mit dem Backpulver vermischen, auf die Masse sieben und unterrühren. Den Teig in einen Spritzbeutel mit Serntülle füllen und Ringe auf ein bemehltes oder mit Backpapier ausgelegtes Backblech spritzen.

3. Die Butterkringel in dem auf 170 °C vorgeheizten Backofen 10–15 Minuten backen. Die fertig gebackenen Plätzchen aus dem Backofen nehmen und auf einem Kuchengitter vollständig erkalten lassen.

4. Die Aprikosenmarmelade leicht erwärmen, durch ein Sieb streichen und die Ringe damit bestreichen.

5. Die Butterkringel mit Hagelzucker bestreuen, abtrocknen lassen und bis zum Verzehr in einer Plätzchendose kühl und dunkel aufbewahren.

Krokantwellen

ZUTATEN

Für den Teig:
400 g weiche Butter
150 g Puderzucker
1 Päckchen Vanillezucker
2 Eigelb
600 g Mehl

Außerdem:
150 g Vollmilchglasur (Fertigprodukt)
75 g Haselnusskrokant

Pro Portionen:
Für ca. 50 Stück:

Schwierigkeit:
Leicht

Zubereitungszeit:
30 Minuten

ZUBEREITUNG

1. Die Butter mit dem gesiebten Puderzucker und dem Vanillezucker in eine Schüssel geben und sehr schaumig schlagen. Die Eigelbe einzeln, nach und nach kräftig unterrühren.

2. Das Mehl auf die Eicreme sieben und vorsichtig unterrühren. Den Teig in einen Spritzbeutel mit Sterntülle füllen und gedrehte Streifen auf ein mit Backpapier ausgelegtes Backblech spritzen.

3. Das Spritzgebäck in dem auf 180 °C vorgeheizten Backofen etwa 10 Minuten backen. Die fertig gebackenen Teigstreifen aus dem Backofen nehmen, leicht auskühlen lassen, auf ein Kuchengitter setzen und vollständig erkalten lassen.

4. Die Vollmilchglasur in eine feuerfeste Schüssel geben und im Wasserbad nach Packungsanweisung schmelzen. Das Spritzgebäck zur Hälfte in die Vollmilchglasur tauchen und auf ein Kuchengitter setzen.

5. Das Gebäck sofort mit dem Krokant betreuen und die Glasur vollständig abtrocknen lassen. Das Spritzgebäck bis zum Verzehr in einer Plätzchendose kühl und dunkel aufbewahren.

Gerührte Butterkekse

ZUTATEN

Für den Rührteig:
150 g Puderzucker
375 g sehr weiche Butter
1 Päckchen Vanillearoma
1 Ei
1 Eigelb
450 g Mehl

Außerdem:
Backpapier für das Blech
300 g Vollmilchglasur
(Fertigprodukt)
75 g Haselnusskrokant

TIPP:
Für die Weihnachtsbackstube eignet sich besonders Kuvertüre, die aus Kakaomasse, Kakaobutter und Zucker hergestellt wird. Kuvertüre kann gerieben oder fein gehackt unter den Teig gemischt oder geschmolzen zum Überziehen und Verzieren des fertigen Gebäcks verwendet werden. Selbstverständlich können auch Zartbitter- oder Vollmilchschokolade in feinem Gebäck verarbeitet werden. Zum Glasieren gibt es im Handel Schokoladenglasuren, die man im Wasserbad erwärmt und die den Plätzchen und Kuchen einen wunderbaren Glanz verleihen.

Pro Portionen:
Für ca. 30 Stück:

Schwierigkeit:
leicht

Zubereitungszeit:
30 Minuten

ZUBEREITUNG

1. Den Puderzucker in eine Schüssel sieben, die sehr weiche Butter und das Vanillearoma dazugeben und das Ganze mit den Schneebesen des Handrührgerätes schaumig schlagen.

2. Das Ei und das Eigelb einzeln nach und nach kräftig darunterschlagen. Das Mehl auf die Masse sieben und alles zu einem glatten, zähflüssigen Teig rühren.

3. Den Teig in einen Spritzbeutel mit großer Sterntülle füllen und Rosetten (4 cm Ø) auf ein mit Backpapier ausgelegtes Backblech spritzen.

4. Die Butterkekse im auf 180 °C vorgeheizten Backofen etwa 15 Minuten backen. Die fertig gebackenen Kekse aus dem Backofen nehmen, auf ein Kuchengitter legen und vollständig auskühlen lassen.

5. Die Vollmilchglasur nach Packungsanweisung schmelzen. Die Butterkekse zur Hälfte in die Glasur tauchen, auf ein Kuchengitter setzen, mit Haselnusskrokant bestreuen und die Glasur vollständig abtrocknen lassen.

6. Die gerührten Butterkekse bis zum Verzehr in einer Plätzchendose kühl aufbewahren.

Schokoladengebäck

ZUTATEN

Für den Rührteig:
100 g Puderzucker
100 g weiche Butter
2 Eier, 150 g Mehl
40 g Kakaopulver
1 Päckchen Vanillezucker

Außerdem:
Backpapier für das Blech
100 ml Sahne
200 g Kuvertüre
Puderzucker zum Bestäuben

Tipp:

Sind die Kekse im Backofen, sollte man sie während des Backens immer im Auge behalten. Backöfen heizen nicht immer genau nach Temperatureinstellung. Sind die Kekse auf dem hinteren Teil des Blechs schon dunkel und vorne noch zu hell, empfiehlt es sich, das Backblech zwischendurch einfach schnell zu drehen. Beim ersten Blech mit Keksen ist die Backzeit meist noch ziemlich genau. Bei den weiteren Durchgängen wird die Backzeit kürzer, da der Backofenraum schon aufgeheizt ist. Wenn sich die Kekse auf dem Backblech einfach hin und her schieben lassen, sind sie fertig gebacken. Diese Probe empfiehlt sich vor allem, wenn die Kekse unterschiedlich dick geraten sind.

ZUBEREITUNG

1. Den Puderzucker mit der weichen Butter und den Eiern in eine Schüssel geben und mit den Schneebesen des Handrührgerätes weißschaumig schlagen.

2. Das Mehl mit dem Kakaopulver und dem Vanillezucker vermischen, auf die Masse sieben und das Ganze vorsichtig unterrühren.

3. Die Masse in einen Spritzbeutel mit Lochtülle füllen und zwei aneinanderhängende Kreise oder andere dekorative Ornamente auf ein mit Backpapier ausgelegtes Backblech spritzen.

4. Die Plätzchen in dem auf 180–200 °C vorgeheizten Backofen etwa 10–15 Minuten backen. Anschließend die fertig gebackenen Plätzchen aus dem Backofen nehmen, auf ein Kuchengitter setzen und vollständig auskühlen lassen.

5. Die Sahne in einem Topf erhitzen. Die geraspelte Kuvertüre dazugeben und darin vollständig auflösen. Den Topf vom Herd nehmen und die Schokoladenmasse erkalten lassen.

6. Kurz vor dem Festwerden die Schokoladenmasse auf 40 Plätzchen streichen, die anderen 40 Plätzchen auf die Schokoladenmasse setzen und die Masse vollständig fest werden lassen.

7. Das Schokoladengebäck mit Puderzucker bestäuben und bis zum Verzehr kühl und dunkel aufbewahren.

Pro Portionen:
Für ca. 30 Stück:

Schwierigkeit:
mittel

Zubereitungszeit:
30 Minuten

Einfache Cappuccinokekse

ZUTATEN

125 g Puderzucker
300 g sehr weiche Butter
1 Päckchen Vanillezucker
1 Ei, 1 Eigelb
400 g Mehl, 1–2 EL Milch
1 EL Kakaopulver
1 EL Cappuccinopulver
1 EL Milch
Backpapier für das Blech

Pro Portionen:
Für ca. 50 Stück:

Schwierigkeit:
mittel

Zubereitungszeit:
30 Minuten

ZUBEREITUNG

1. Gesiebten Puderzucker mit der sehr weichen Butter und dem Vanillezucker schaumig schlagen. Ei und Eigelb einzeln nach und nach kräftig darunterschlagen.

2. Das Mehl auf die Masse sieben und alles mit der Milch zu einem glatten, zähflüssigen Teig rühren. Ein Drittel des Teiges abnehmen und bereitstellen. Das Kakaopulver mit dem Cappuccinopulver und der Milch in eine Schüssel geben, glatt rühren und unter den restlichen Teig ziehen.

3. Den dunklen Teig in einen Spritzbeutel mit großer Sterntülle füllen und Rosetten auf ein mit Backpapier ausgelegtes Backblech spritzen.

4. Den hellen Teig in einen Spritzbeutel mit kleiner Lochtülle füllen und Punkte auf die Rosetten spritzen. Die Kekse im auf 180 °C vorgeheizten Backofen etwa 15 Minuten backen. Die fertigen Cappuccinokekse vollständig auskühlen lassen und bis zum Verzehr in einer Plätzchendose kühl aufbewahren.

Mürbe Mandelstangen

ZUTATEN

Für den Rührteig:
100 g Puderzucker
250 g sehr weiche Butter
1 Päckchen Vanillezucker
1 Ei, 1 Eigelb
100 g gemahlene Mandeln
300 g Mehl

Außerdem:
1 Päckchen Schokoladenglasur, zartbitter (Fertigprodukt)

Pro Portionen:
Für ca. 50 Stück:

Schwierigkeit:
mittel

Zubereitungszeit:
30 Minuten

ZUBEREITUNG

1. Den Puderzucker in eine Schüssel sieben. Die sehr weiche Butter und den Vanillezucker dazugeben und das Ganze mit den Schneebesen schaumig schlagen.

2. Das Ei und das Eigelb einzeln nach und nach kräftig darunterschlagen. Die gemahlenen Mandeln darüber verteilen. Das Mehl auf die Masse sieben und alles zu einem glatten Teig rühren. Den Teig in einen Spritzbeutel mit Sterntülle füllen.

3. Ein Backblech mit Backpapier belegen und die Mandelstangen aufspritzen. Die Kekse im auf 180 °C vorgeheizten Backofen 15 Minuten backen. Die fertig gebackenen Mandelstangen aus dem Ofen nehmen, auf ein Kuchengitter legen und vollständig auskühlen lassen.

4. Die Schokoladenglasur nach Packungsanweisung schmelzen. Die Mandelstangen der Länge nach in die Glasur tauchen, auf ein Kuchengitter setzen und die Glasur abtrocknen lassen. Die Mandelstangen bis zum Verzehr in einer Plätzchendose kühl aufbewahren.

Marzipan-Spritzgebäck

ZUTATEN

Für den Rührteig:
180 g Butter
120 g Puderzucker
60 g Marzipanrohmasse
1 Päckchen Orangenaroma
2 Eier, 300 g Mehl

Außerdem:
Backpapier für das Blech
100 g Vollmilchglasur
(Fertigprodukt)
50 g Haselnusskrokant

ZUBEREITUNG

1. Die Butter mit dem Puderzucker, der Marzipanrohmasse und dem Orangenaroma in eine Schüssel geben und mit den Schneebesen des Handrührgerätes so lange schaumig schlagen, bis sich die Marzipanrohmasse vollständig aufgelöst hat.

2. Die Eier einzeln nach und nach kräftig darunterschlagen. Das Mehl darübersieben und unterrühren.

3. Die Masse in einen Spritzbeutel mit Sterntülle füllen und Stäbchen von sechs bis acht Zentimetern Länge auf ein mit Backpapier ausgelegtes Backblech spritzen.

4. Das Backblech in den auf 180 °C vorgeheizten Backofen schieben und das Gebäck 12 Minuten backen.

5. Das fertig gebackene Marzipan-Spritzgebäck aus dem Backofen nehmen, auf dem Blech auskühlen lassen, auf ein Kuchengitter setzen und vollständig erkalten lassen.

6. Die Glasur nach Packungsanweisung schmelzen. Das Marzipangebäck zur Hälfte in die Glasur tauchen und erneut auf ein Kuchengitter setzen.

7. Das Gebäck mit Haselnusskrokant bestreuen und die Glasur abtrocknen lassen.

8. Das Marzipan-Spritzgebäck bis zum Verzehr kühl und dunkel aufbewahren.

Variation:

Bei der Anschaffung von Backpinseln sollten Sie auf gute Qualität achten. Sie haben einen höheren Preis, behalten aber auch nach mehrmaligem Gebrauch ihre Borsten. Pinsel mit Naturborsten und hitzebeständigen Griffen können nach dem Gebrauch sehr heiß gespült werden.

Seit einiger Zeit sind Kunststoffpinsel erhältlich. Diese können bedenkenlos in der Spülmaschine gereinigt werden. Beim Ausstreichen der Form muss das Fett jedoch sehr weich oder flüssig sein, damit es sich gleichmäßig verteilen lässt.

Backpinsel werden nicht nur zum Ausfetten von Backformen, sondern auch zum Bestreichen des Teiges mit Wasser, Milch oder Eigelb und zum Glasieren von Gebäck gebraucht. Deshalb sollte man möglichst mehrere Pinsel in verschiedenen Größen zur Verfügung haben.

Pro Portionen:
Für ca. 40–50 Stück:

Schwierigkeit:
mittel

Zubereitungszeit:
30 Minuten

Kirschhäppchen

ZUTATEN

Für den Teig:
100 g weiche Butter
75 g Puderzucker
1 TL Vanillearoma
1 Ei
200 g Mehl

Außerdem:
200 g Vanille-Kuchenglasur
1 kleines Glas Kirschmarmelade
ca. 45 Belegkirschenhälften

ZUBEREITUNG

1. Die weiche Butter mit dem Puderzucker und dem Vanillearoma in eine Schüssel geben und mit den Schneebesen des Handrührgerätes schaumig schlagen.

2. Das Ei kräftig darunterschlagen. Das Mehl auf die Teigmasse sieben und unterrühren.

3. Den Spritzteig in einen Spritzbeutel mit Lochtülle füllen und einen großen Punkte auf ein mit Backpapier ausgelegtes Backblech spritzen. Anschließend in jedes Plätzchen eine Mulde eindrücken.

4. Die Plätzchen im auf 180 °C vorgeheizten Backofen etwa 8–10 Minuten backen.

5. Die fertig gebackenen Plätzchen aus dem Backofen nehmen, auf ein Kuchengitter setzen und vollständig auskühlen lassen.

6. Die Kuchenglasur nach Packungsanweisung schmelzen. In der Mitte eines jeden Plätzchens, mit einem Teelöffel, etwas Kirschmarmelade verteilen, das Plätzchen mit der Vanille-Kuchenglasur überziehen und je eine Belegkirschenhälfte daraufsetzen.

7. Die Plätzchen auf ein Kuchengitter setzen und die Glasur vollständig abtrocknen lassen.

8. Die Kirschhäppchen in eine Plätzchendose geben und bis zum Verzehr kühl und dunkel aufbewahren.

Variation:

Wie jedes andere Gebäck müssen auch Plätzchen nach dem Backen aus dem Backofen und vom Backblech genommen werden und auf einem Kuchengitter erkalten. Gute Kuchengitter sind aus Metall und in runder oder rechteckiger Form erhältlich. Sie sollten möglichst engmaschig sein, damit die Plätzchen nicht durchrutscht. Kuchengitter aus Plastik haben auf der Unterseite meist eine Einteilung, mit deren Hilfe Tortenstücke exakt markiert werden können. Sie sind nicht so hitzebeständig und können nach einiger Zeit brechen.

Pro Portionen:
Für ca. 40 Stück:

Schwierigkeit:
mittel

Zubereitungszeit:
30 Minuten

Mürbeteig-plätzchen

Nugatsternchen

ZUTATEN

Für den Mürbeteig:
200 g Mehl, 3 Eigelb
100 g Butter, 75 g Puderzucker
1 Prise Salz, 2 EL Orangenlikör

Außerdem:
75 g Nugatmasse, 1 Eiweiß
200 g Vollmilch-Schokoladenglasur (Fertigprodukt), 100 g zartbittere Schokoladenglasur (Fertigprodukt)
Schokoladenstreusel

Pro Portionen:
Für ca. 30 Stück:

Schwierigkeit:
mittel

Zubereitungszeit:
30 Minuten

ZUBEREITUNG

1. Aus den Teigzutaten einen glatten, kompakten Mürbeteig kneten. Den Teig in Klarsichtfolie wickeln und im Kühlschrank mindestens eine Stunde ruhen lassen. Den Mürbeteig auf einer bemehlten Arbeitsfläche etwa 3 mm dünn ausrollen und mit einem Sternschnuppen-Ausstecher Plätzchen ausstechen, diese sofort kühl stellen.

2. Die Hälfte der Sternschnuppen mit klein geschnittenem Nugat belegen und die Ränder mit etwas Eiweiß bestreichen. Die restlichen Sternschnuppen darauflegen und die Ränder gut andrücken. Die Nugatsternchen auf ein mit Backpapier ausgelegtes Backblech legen und im auf 180 °C vorgeheizten Backofen 10–12 Minuten backen.

3. Nach Ende der Backzeit die Nugatsternchen aus dem Ofen nehmen und auf einem Kuchengitter erkalten lassen. Die Glasuren nach Packungsanweisung getrennt schmelzen lassen. Die Nugatsternchen mit der Vollmilchglasur überziehen, diese leicht antrocknen lassen und anschließend mit der Zartbitterglasur Linien auftragen. Die Sternchen mit Hagelzucker bestreuen. Die Glasuren trocknen lassen, in eine Plätzchendose geben und bis zum Verzehr kühl und dunkel aufbewahren.

Haferflockenhäppchen

ZUTATEN

Für den Mürbeteig:
200 g Mehl, 1 TL Backpulver, 2 Eier
125 g Zucker, 1 Prise Salz
2 EL geriebene Zitronenschale
150 g geröstete Haferflocken
175 g Butter, 3 EL Milch

Außerdem:
1 Ei, 150 g gehackte Nüsse (Mandeln, Walnüsse oder Haselnüsse)

Pro Portionen:
Für ca. 40 Stück:

Schwierigkeit:
mittel

Zubereitungszeit:
30 Minuten

ZUBEREITUNG

1. Das Mehl mit dem Backpulver vermischen, auf eine Arbeitsfläche sieben und eine Mulde eindrücken. Die Eier in die Mulde geben.

2. Den Zucker, das Salz, die Zitronenschale und die Haferflocken darüberstreuen. Die Butter in Flöckchen gleichmäßig daraufsetzen und mit der Milch beträufeln.

3. Die Zutaten mit bemehlten Händen von außen nach innen schnell zu einem glatten, kompakten Teig verkneten. Aus dem Teig kleine Kugeln abdrehen und diese auf ein mit Backpapier ausgelegtes Backblech setzen.

4. Das Ei mit etwas Wasser verquirlen. Die Plätzchen damit bestreichen, mit den gehackten Nüssen bestreuen und im auf 180 °C vorgeheizten Backofen 12–15 Minuten backen.

5. Die fertig gebackenen Haferflockenhäppchen aus dem Backofen nehmen, auf einem Kuchengitter erkalten lassen und bis zum Verzehr in einer Plätzchendose kühl aufbewahren.

Butterherzchen

ZUTATEN

Für den Mürbeteig:
250 g Mehl, 1 Eigelb, 150 g Butter
1 EL Sauerrahm, 150 g Zucker
1 Päckchen Vanillezucker

Außerdem:
100 g Puderzucker
Zitronensaft nach Geschmack
rote Zuckerschrift
100 g Johannisbeergelee

TIPP:

Seit einiger Zeit sind wiederverwendbare Backfolien im Handel. Sie werden benutzt wie Backpapier, müssen ebenfalls nicht eingefettet werden und haben den Vorteil, dass sie leicht zu reinigen und immer wieder einsatzbereit sind.

ZUBEREITUNG

1. Das Mehl auf eine Arbeitsplatte sieben, eine Mulde eindrücken und das Eigelb hineingeben. Die Butter und den Sauerrahm in Flöckchen auf das Mehl setzen, den Zucker und den Vanillezucker darüberstreuen.

2. Die Zutaten mit bemehlten Händen von außen nach innen schnell zu einem glatten, kompakten Teig verkneten. Den Teig in Klarsichtfolie wickeln und im Kühlschrank mindestens eine Stunde ruhen lassen. Den Teig auf einer bemehlten Arbeitsfläche ausrollen und Herzen ausstechen.

3. Die Herzen auf ein mit Backpapier ausgelegtes Backblech legen und im auf 180 °C vorgeheizten Backofen 10–12 Minuten backen. Die Plätzchen aus dem Ofen nehmen und auf einem Kuchengitter erkalten lassen.

4. Den gesiebten Puderzucker mit dem Zitronensaft zu einem nicht zu dicken Guss verrühren. Die Herzen damit überziehen und den Guss leicht antrocknen lassen. Die rote Zuckerschrift dünn an den Rand der Herzen spritzen und in die Mitte der Herzen einen Klecks Johannisbeergelee setzen.

5. Den Guss und die Zuckerschrift vollständig trocknen lassen und die Butterherzchen bis zum Verzehr in einer Plätzchendose kühl und dunkel aufbewahren.

Grundrezept Mürbeteig:

1. 300 g Mehl auf eine Arbeitsfläche sieben, eine Mulde eindrücken und 1 Ei hineingeben. 175 g Butter in Flöckchen auf das Mehl setzen. 175 g Zucker, 1 Prise Salz und 1 Päckchen Vanillearoma darüberstreuen.

2. Die Zutaten mit bemehlten Händen von außen nach innen schnell zu einem glatten Teig verkneten. Den Teig in Alufolie wickeln und im Kühlschrank mindestens eine Stunde ruhen lassen.

3. Den Teig auf einer bemehlten Arbeitsfläche ausrollen, Plätzchen ausstechen und diese im auf 180 °C vorgeheizten Backofen 10 Minuten backen. Aus dem Backofen nehmen, auskühlen lassen, verzieren und bis zum Verzehr in einer Plätzchendose aufbewahren.

Pro Portionen:
Für ca. 55 Stück:

Schwierigkeit:
mittel

Zubereitungszeit:
30 Minuten

Mandelkekse

ZUTATEN

Für den Mürbeteig:
200 g Mehl, 1 TL Backpulver
50 g gemahlene Mandeln
1 Ei, 125 g Butter, 100 g Zucker
1 Päckchen Vanillezucker
1 Päckchen Zitronenaroma
1 Prise Salz
1 EL Rum oder Arrak

Außerdem:
1–2 Päckchen Schokoglasur
100 g gehackte Mandeln
Puderzucker zum Bestäuben

TIPP:

Bei allen Herdarten ist es empfehlenswert, den Backraum vorzuheizen. Die Aufheizzeit beträgt bei Elektroherden 10–20 Minuten, bei Gasherden nur wenige Minuten. Beim Elektroherd wird die Temperatur in °C gewählt, beim Gas in Stufen. Sie können sich auch im Haushaltswarengeschäft ein Backofenthermometer besorgen, mit dem die Backtemperatur exakt gemessen werden kann.

Wenn Sie sich einen neuen Herd angeschafft haben, sollten Sie die Gebrauchsanweisung mit den angegebenen Temperaturen in unseren Rezepten vergleichen. Sinnvoll ist es, abweichende Temperaturen oder Backzeiten direkt beim Rezept zu vermerken.

Pro Portionen:
Für ca. 50 Stück:

Schwierigkeit:
mittel

Zubereitungszeit:
30 Minuten

ZUBEREITUNG

1. Das Mehl mit dem Backpulver vermischen, auf eine Arbeitsfläche sieben, die Mandeln hinzufügen und eine Mulde eindrücken.

2. Das Ei in die Mulde geben, die Butter in Flöckchen auf das Mehl setzen, den Zucker, den Vanillezucker und das Zitronenaroma sowie das Salz darüberstreuen.

3. Den Rum oder Arrak darüberträufeln und das Ganze mit bemehlten Händen von außen nach innen schnell zu einem glatten, kompakten Teig verkneten.

4. Den Mürbeteig in Klarsicht- oder Alufolie wickeln und im Kühlschrank mindestens eine Stunde ruhen lassen.

5. Den Teig auf einer bemehlten Arbeitsfläche ½ cm dick ausrollen und runde Plätzchen ausstechen. Die Plätzchen auf ein mit Backpapier ausgelegtes Backblech setzen und im auf 180 °C vorgeheizten Backofen 12 Minuten backen.

6. Die fertig gebackenen Plätzchen aus dem Backofen nehmen, auf ein Kuchengitter setzen und vollständig erkalten lassen.

7. In der Zwischenzeit die Schokoglasur im Wasserbad schmelzen lassen. Die Plätzchen zur Hälfte mit der Schokoglasur überziehen, mit gehackten Mandeln bestreuen, vollständig abtrocknen lassen, mit Puderzucker bestäuben und bis zum Verzehr in einer Plätzchendose kühl aufbewahren.

Einfache Zuckersternchen

ZUTATEN

Für den Mürbeteig:
225 g Mehl, 1 Ei, 100 g Zucker
1 Päckchen Vanillepuddingpulver
1 TL Zimtpulver
50 g gemahlene Mandeln
120 g Butter

Außerdem:
1 Eiweiß, 100 g Zucker

Pro Portionen:
Für ca. 50 Stück:

Schwierigkeit:
leicht

Zubereitungszeit:
30 Minuten

ZUBEREITUNG

1. Das Mehl auf eine Arbeitsfläche sieben und eine Mulde eindrücken. Das Ei in die Mulde geben. Den Zucker mit dem Puddingpulver und dem Zimt vermischen und auf dem Mehl verteilen. Die Butter in Flöckchen daraufsetzen und das Ganze mit bemehlten Händen von außen nach innen schnell zu einem glatten, kompakten Teig verkneten.

2. Den Mürbeteig in Frischhalte- oder Alufolie wickeln und im Kühlschrank mindestens eine Stunde ruhen lassen. Dann den Teig auf einer bemehlten Arbeitsfläche 1 Zentimeter dick ausrollen und mit dem verschlagenen Eiweiß bestreichen. Den Teig dick mit Zucker bestreuen und mit einem Sternchenausstecher Sterne ausstechen.

3. Die Sterne auf ein mit Backpapier ausgelegtes Backblech legen und im auf 180 °C vorgeheizten Backofen 8–10 Minuten backen. Die fertig gebackenen Zuckersternchen aus dem Backofen nehmen, auf ein Kuchengitter setzen und erkalten lassen.

4. Die Zuckersternchen vollständig auskühlen lassen und bis zum Verzehr in einer Plätzchendose kühl und dunkel aufbewahren.

Stracciatella-Cookies

ZUTATEN

Für den Mürbeteig:
250 g Mehl
1 gestrichener TL Backpulver
1 EL Milch
einige Tropfen Bittermandelöl
100 g Zucker
1 Päckchen Vanillezucker
50 g Vollmilch-Schokostreusel
200 g Butter

Pro Portionen:
Für ca. 50 Stück:

Schwierigkeit:
leicht

Zubereitungszeit:
30 Minuten

ZUBEREITUNG

1. Das Mehl mit dem Backpulver vermischen, auf eine Arbeitsfläche sieben, eine Mulde eindrücken, die Milch in die Mulde geben und mit Bittermandelöl beträufeln.

2. Zucker mit Vanillezucker und den Schokostreuseln vermischen und darüberstreuen. Die Butter in Flöckchen daraufsetzen.

3. Die Zutaten mit bemehlten Händen von außen nach innen schnell zu einem glatten, kompakten Teig verkneten. Den Mürbeteig in Klarsichtfolie wickeln und im Kühlschrank mindestens eine Stunde ruhen lassen. Anschließend den Teig auf einer bemehlten Arbeitsfläche 1 cm dick ausrollen und Kreise (6–8 cm Durchmesser) ausstechen.

4. Die Teigkreise nebeneinander auf ein mit Backpapier ausgelegtes Backblech setzen und die Plätzchen im auf 180 °C vorgeheizten Backofen 10–12 Minuten backen. Die fertig gebackenen Stracciatella-Cookies aus dem Backofen nehmen, auf ein Kuchengitter setzen, vollständig erkalten lassen, in eine Plätzchendose geben und bis zum Verzehr kühl aufbewahren.

Zitronen-Vanille-Rosetten

ZUTATEN

Für den Mürbeteig:
180 g Mehl
je 35 g gemahlene Mandeln
und Haselnüsse
1 Ei, 50 g Zucker
1 Päckchen Vanillezucker
1 Prise Salz, 125 g Butter

Außerdem:
100 g Puderzucker
2 Päckchen Vanillezucker
einige Tropfen Zitronensaft
bunte Zuckerperlen zum Bestreuen

TIPP:

Die Küchenwaage ist unentbehrlich für das genaue Abwiegen der Zutaten und somit für das Gelingen des Kuchens. Sie sollte auf 5 g genau wiegen. Gängige Geräte wiegen bis 5 kg, ältere Modelle bis 10 kg. Sie müssen aber immer wieder neu eingestellt werden. Moderne Digitalwaagen zeigen das Gewicht automatisch an, besonders praktisch sind Waagen, bei denen man die einzelnen Zutaten zuwiegen kann. Das heißt, man stellt eine Schüssel auf die Waage, stellt die Skala auf „0" und fügt alle Zutaten hinzu, die man braucht. Wer in seiner Küche wenig Stellfläche hat, dem raten wir zum Kauf einer Waage, die an der Wand befestigt wird.

Pro Portionen:
Für ca. 40 Stück:

Schwierigkeit:
mittel

Zubereitungszeit:
30 Minuten

ZUBEREITUNG

1. Das gesiebte Mehl mit den Mandeln und den Haselnüssen vermischen, auf eine Arbeitsfläche geben und eine Mulde eindrücken.

2. Das Ei in die Mulde geben, den Zucker, den Vanillezucker und das Salz darüberstreuen. Die Butter in Flöckchen daraufsetzen.

3. Die Zutaten von außen nach innen mit bemehlten Händen schnell zu einem glatten Mürbeteig verkneten.

4. Den Mürbeteig nicht kühl stellen, sofort in einen Spritzbeutel mit Sterntülle füllen und Rosetten auf ein mit Backpapier ausgelegtes Backblech spritzen. Anschließend die Rosetten im Kühlschrank mindestens eine Stunde ruhen lassen.

5. Dann die Rosetten in dem auf 180 °C vorgeheizten Backofen 12 Minuten backen. Die Plätzchen aus dem Ofen nehmen, leicht abkühlen lassen, auf ein Kuchengitter setzen und vollständig erkalten lassen.

6. Den Puderzucker mit dem Vanillezucker in einer Schüssel vermischen und mit dem Zitronensaft zu einem zähflüssigen Guss verrühren.

7. Die Rosetten mit dem Guss überziehen, mit den Zuckerperlen bestreuen, auf ein Kuchengitter setzen, vollständig abtrocknen lassen und in einer Plätzchendose kühl aufbewahren.

Nusstaler

ZUTATEN

Für den Mürbeteig:
200 g Mehl
50 g Speisestärke
1 TL Backpulver, 1 Ei
125 g Butter, 100 g Zucker
1 Päckchen Vanillezucker
1 Päckchen Zitronenaroma
1 Prise Salz, 1 EL Rum

Außerdem:
1–2 Päckchen Vollmilchglasur
100 g gehackte Nusskerne

Pro Portionen:
Für ca. 60 Stück:

Schwierigkeit:
leicht

Zubereitungszeit:
30 Minuten

ZUBEREITUNG

1. Das Mehl mit der Speisestärke und dem Backpulver vermischen, auf eine Arbeitsfläche sieben und eine Mulde eindrücken. Das Ei in die Mulde geben, die Butter in Flöckchen auf das Mehl setzen, den Zucker, den Vanillezucker und das Zitronenaroma sowie das Salz darüberstreuen, den Rum darüberträufeln und das Ganze mit bemehlten Händen von innen nach außen schnell zu einem glatten Teig verkneten.

2. Den Teig in Folie wickeln und im Kühlschrank mindestens eine Stunde ruhen lassen. Anschließend den Teig auf einer bemehlten Arbeitsfläche ½ cm dick ausrollen und Taler ausstechen.

3. Die Taler auf ein mit Backpapier ausgelegtes Backblech setzen und im auf 180 °C vorgeheizten Backofen 12 Minuten backen. Die fertigen Plätzchen aus dem Ofen nehmen, auf ein Kuchengitter setzen und vollständig erkalten lassen. In der Zwischenzeit die Vollmilchglasur im Wasserbad schmelzen lassen.

4. Die Taler mit der Glasur überziehen, mit den Nusskernen bestreuen, abtrocknen lassen und bis zum Verzehr in einer Plätzchendose kühl aufbewahren. Die Nusstaler können Sie auch noch vor dem Servieren mit Puderzucker bestäuben.

Oma's Vanillekipferl

ZUTATEN

Für den Mürbeteig:
180 g Mehl
35 g gemahlene Mandeln
35 g gemahlene Haselnüsse
1 Ei, 50 g Zucker
1 Päckchen Vanillezucker
1 Prise Salz, 125 g Butter

Außerdem:
100 g Puderzucker
2 Päckchen Vanillezucker

Pro Portionen:
Für ca. 40 Stück:

Schwierigkeit:
leicht

Zubereitungszeit:
30 Minuten

ZUBEREITUNG

1. Das gesiebte Mehl mit den Mandeln und den Haselnüssen vermischen, auf eine Arbeitsfläche geben und eine Mulde eindrücken. Das Ei in die Mulde geben, den Zucker, den Vanillezucker und das Salz darüberstreuen.

2. Die Butter in Flöckchen daraufsetzen. Die Zutaten zu einem glatten, kompakten Teig verkneten. Den Mürbeteig im Kühlschrank eine Stunde ruhen lassen.

3. Den Teig auf einer bemehlten Arbeitsfläche zu einer Rolle formen, 1 cm dicke Scheiben abschneiden und diese zu Hörnchen drehen. Die Hörnchen auf ein mit Backpapier ausgelegtes Backblech setzen und im auf 180 °C vorgeheizten Backofen 12 Minuten backen.

4. Den Puderzucker mit dem Vanillezucker vermischen. Die fertigen, noch heißen Hörnchen in der Zuckermischung wälzen, auf ein Kuchengitter setzen, vollständig auskühlen lassen und in einer Plätzchendose kühl aufbewahren.

Mandelstangen

ZUTATEN

Für den Mürbeteig:
200 g Mehl
50 g Speisestärke
1 gestrichener TL Backpulver
125 g Zucker
1 Päckchen Vanillezucker
1 Ei
150 g Butter
150 g gehackte Mandeln
1 EL Rum

Außerdem:
1 Päckchen Vollmilch-Schokoladenglasur
Mandelstifte zum Bestreuen

TIPP:

Ein elektrisches Handrührgerät mit zwei Rührbesen und zwei Knethaken ist heute in den meisten Haushalten vorhanden. Die Rührbesen sind notwendig zum Herstellen von Rührteigen, Biskuit-, Makronen- und Baisermassen sowie zum Schlagen von Sahne, Eiweiß und Cremes. Die Knethaken leisten gute Dienste bei der Zubereitung von Mürbe- oder Hefeteigen.

Pro Portionen:
Für ca. 50 Stück:

Schwierigkeit:
mittel

Zubereitungszeit:
30 Minuten

ZUBEREITUNG

1. Das Mehl mit der Speisestärke und dem Backpulver vermischen, auf eine Arbeitsfläche sieben und eine Mulde eindrücken.

2. Den Zucker und den Vanillezucker darüberstreuen, das Ei in die Mulde geben.

3. Die Butter in Flöckchen daraufsetzen, die gehackten Mandeln dazugeben und mit Rum beträufeln.

4. Die Zutaten mit bemehlten Händen von außen nach innen schnell zu einem glatten, kompakten Teig verkneten.

5. Den Mürbeteig in Klarsicht- oder Alufolie wickeln und im Kühlschrank mindestens eine Stunde ruhen lassen.

6. Den Mürbeteig aus dem Kühlschrank nehmen, die Folie entfernen und auf einer bemehlten Arbeitsfläche zu einer 5 cm dicken Rolle formen. Von der Rolle etwa 1 cm dicke Scheiben abschneiden und diese zu Stangen drehen.

7. Die Stangen auf ein mit Backpapier ausgelegtes Backblech setzen und in dem auf 180–190 °C vorgeheizten Backofen 10–12 Minuten backen.

8. Die fertig gebackenen Stangen aus dem Backofen nehmen, auf ein Kuchengitter setzen und vollständig erkalten lassen.

9. Die Schokoladenglasur nach Packungsanweisung schmelzen und die Mandelstangen damit gleichmäßig überziehen.

10. Die Mandelstangen mit Mandelstiften bestreuen, auf das Kuchengitter setzen und die Schokoladenglasur vollständig abtrocknen lassen.

11. Die Mandelstangen bis zum Verzehr in einer Plätzchendose kühl und dunkel aufbewahren.

Schokoherzen

ZUTATEN

Für den Mürbeteig:
150 g Mehl, 1 Eigelb
100 g Butter, 75 g Zucker
1 Päckchen Vanillezucker
50 g Schokostreusel

Außerdem:
1 Packung Kakaoglasur (Fertigprodukt)
bunte Zuckerperlen zum Bestreuen

Pro Portionen:
Für ca. 35 Stück:

Schwierigkeit:
leicht

Zubereitungszeit:
30 Minuten

ZUBEREITUNG

1. Das Mehl auf eine Arbeitsfläche sieben, eine Mulde eindrücken und das Eigelb hineingeben. Die Butter in Flöckchen auf das Mehl setzen. Den Zucker, den Vanillezucker und die Schokostreusel darüberstreuen und die Zutaten mit bemehlten Händen von außen nach innen schnell zu einem glatten, kompakten Teig verkneten.

2. Den Teig in Klarsichtfolie wickeln und im Kühlschrank mindestens eine Stunde ruhen lassen. Den Teig auf einer bemehlten Arbeitsfläche ausrollen und Herzen ausstechen. Die Herzen auf ein mit Backpapier ausgelegtes Backblech setzen und in dem auf 180 °C vorgeheizten Backofen ca. 12 Minuten backen.

3. Nach Ende der Backzeit die Herzen aus dem Backofen nehmen, leicht auskühlen lassen, auf ein Kuchengitter setzen und vollständig erkalten lassen. Die Glasur nach Packungsanweisung zubereiten und die Herzen damit überziehen. Anschließend die Herzen mit den bunten Zuckerperlen bestreuen. Die Glasur vollständig abtrocknen lassen und die Schokoladenherzen bis zum Verzehr in einer Plätzchendose kühl und dunkel aufbewahren.

Spitzbuben

ZUTATEN

Für den Teig:
250 g Mehl
2 gestrichene TL Backpulver
100 g Zucker
1 Päckchen Vanillezucker
1 Ei
125 g Butter

Außerdem:
1 Glas Johannisbeergelee
Puderzucker zum Bestäuben

Pro Portionen:
Für ca. 40 Stück:

Schwierigkeit:
mittel

Zubereitungszeit:
30 Minuten

ZUBEREITUNG

1. Gesiebtes Mehl mit Backpulver, Zucker und Vanillezucker vermischen. Das Ei und die in Flöckchen zerpflückte Butter daraufgeben und alles mit den Knethaken des Handrührgerätes auf höchster Stufe gut durcharbeiten.

2. Den Teig auf einer leicht bemehlten Arbeitsfläche verkneten und im Kühlschrank eine Stunde ruhen lassen. Dann ½–1 cm dick ausrollen und runde Plätzchen ausstechen. Aus der Hälfte der Plätzchen in der Mitte drei kleine Löcher ausstechen.

3. Die Plätzchen auf ein mit Backpapier ausgelegtes Backblech setzen und im auf 180–200 °C vorgeheizten Ofen 10–12 Minuten backen. Die Plätzchen aus dem Backofen nehmen, leicht abkühlen lassen und auf einem Kuchengitter vollständig erkalten lassen.

4. Die Plätzchen ohne Loch mit dem glatt gerührten Gelee bestreichen und die Plätzchen mit Loch daraufsetzen. In die Löcher je einen Klecks Gelee füllen. Die Spitzbuben mit Puderzucker bestäuben, abtrocknen lassen und bis zum Verzehr in einer Plätzchendose kühl aufbewahren.

Makronen

Zimtbäumchen

ZUTATEN

3 Eiweiß
200 g Puderzucker
400 g mit der Schale geriebene Mandeln
Mark von ½ Vanilleschote
2 TL Zimtpulver
100 g gemahlene Mandeln und
50 g gesiebtes Mehl zum Ausrollen

Pro Portionen:
Für ca. 40 Stück:

Schwierigkeit:
mittel

Zubereitungszeit:
30 Minuten

ZUBEREITUNG

1. Die Eiweiße zu steifem Schnee schlagen. Den gesiebten Puderzucker unter ständigem Schlagen in den Eischnee einrieseln lassen. Solange weiterschlagen, bis sich der Puderzucker vollständig aufgelöst hat. Von der Masse 6 EL als Guss abnehmen und kalt stellen.

2. Die Mandeln, das Vanillemark und das Zimtpulver unter die übrige Baisermasse rühren. Sollte die Masse zu weich sein, noch einige gemahlene Mandeln unterrühren. Die Masse auf einer mit gemahlenen Mandeln und gesiebtem Mehl bestreuten Arbeitsfläche 1 cm dick ausrollen und Tannenbäumchen ausstechen.

3. Die Zimtbäumchen mit geringem Abstand auf ein mit Backpapier ausgelegtes Backblech setzen. Die Bäumchen mit dem Zuckerguss bestreichen und anschließend in dem auf 150–160 °C vorgeheizten Backofen etwa 15 Minuten backen.

4. Die gebackenen Zimtbäumchen aus dem Backofen nehmen, auf ein Kuchengitter setzen und vollständig erkalten lassen. Die Zimtbäumchen bis zum Verzehr in einer Plätzchendose kühl und dunkel aufbewahren.

Schokoladendrillinge

ZUTATEN

Für die Schaumasse:
3 Eiweiß, 1 Prise Salz
200 g Zucker
1 TL Kakaopulver
1 ½ TL Instant-Kaffeepulver
75 g gemahlene Mandeln

Außerdem:
1 Packung Vollmilch-Kuchenglasur
Kakaopulver zum Bestäuben

Pro Portionen:
Für ca. 30 Stück:

Schwierigkeit:
mittel

Zubereitungszeit:
30 Minuten

ZUBEREITUNG

1. Die Eiweiße zu steifem Schnee schlagen. Zucker, Kakao und Instant-Kaffee vermischen und unter ständigem Schlagen in den Eischnee einrieseln lassen. Solange weiterschlagen, bis sich der Zucker aufgelöst hat.

2. Die gemahlenen Mandeln hinzufügen und vorsichtig unter den Eischnee heben. Die Eiweißmasse in einen Spritzbeutel mit kleiner Sterntülle füllen und 60 Sternchen – je drei Sternchen eng nebeneinander – auf ein mit Backpapier ausgelegtes Backblech spritzen.

3. Die Schokoladendrillinge im auf 120 °C vorgeheizten Backofen 1 ½ Stunden mehr trocknen lassen als backen. Die Makronen aus dem Backofen nehmen, auf ein Kuchengitter setzen und vollständig auskühlen lassen.

4. Die Glasur nach Packungsanweisung schmelzen, die Schokoladendrillinge in die Glasur tauchen, auf ein Kuchengitter setzen und die Glasur vollständig abtrocknen lassen. Die Schokoladendrillinge mit Kakaopulver bestäuben und bis zum Verzehr in einer Plätzchendose kühl und dunkel aufbewahren.

Kokosflocken mit Mandeln

ZUTATEN

Für die Schaumasse:
2 Eiweiß
150 g Zucker
50 g Kokosnussraspel
25 g gemahlene Mandeln
1 TL Vanillepuddingpulver

Außerdem:
300 g Zartbitter-Schokolade
100 g Kokosnussraspel

TIPP:
Die Eischnee- oder Baisermasse eignet sich ebenfalls sehr gut als Grundteig für verschiedene Plätzchen. Mit gemahlenen Nüssen verfeinert werden diese Köstlichkeiten alle Naschkatzen überzeugen.

ZUBEREITUNG

1. Die Eiweiße in eine feuerfeste Schüssel geben. Wasser in einem Topf zum Kochen bringen und die Schüssel mit den Eiweißen auf den Topf setzen. Zucker hinzufügen und das Ganze mit dem Schneebesen zu steifem Schnee aufschlagen. Die Schüssel mit dem Eischaum auf einen Topf mit kaltem Wasser stellen und den Eischnee kalt schlagen.

2. Die Kokosnussraspel mit den Mandeln und dem Puddingpulver in eine Schüssel geben und vermischen. Die Nussmischung zum Eischnee geben und alles vorsichtig miteinander vermischen.

3. Die Masse in einen Spritzbeutel mit Lochtülle füllen und gleichmäßige Häufchen (5–6 cm Ø) auf ein mit Backpapier ausgelegtes Backblech spritzen. Die Makronen im auf 160 °C vorgeheizten Backofen 25 Minuten backen. Die fertig gebackenen Makronen aus dem Backofen nehmen, leicht erkalten lassen, auf ein Kuchengitter setzen und auskühlen lassen.

4. Die Schokolade grob raspeln und schmelzen. Die Makronen mit der Unterseite und zur Hälfte in die Schokolade tauchen, auf ein Kuchengitter setzen, mit den Kokosnussraspeln bestreuen und die Schokolade vollständig abtrocknen lassen. Die Kokosflocken mit Mandeln in eine Plätzchendose geben und bis zum Verzehr kühl und dunkel aufbewahren.

Grundrezept Schaummasse:

1. Vier Eiweiße in eine Schüssel geben und mit einem Handrührgerät auf höchster Stufe steif schlagen. Anschließend 200 g feinkörniger Zucker mit 1 gehäuften TL Vanillepuddingpulver, ½ TL Anispulver und 1 TL Vanillearoma vermischen und esslöffelweiße langsam unter den Eischnee schlagen.

2. Die Masse in einen Spritzbeutel mit Lochtülle füllen und kleine Häufchen auf ein mit Backpapier ausgelegtes Backblech spritzen.

3. Die Makronen im auf 120 °C vorgeheizten Backofen 1 ½ Stunden mehr trocknen als backen. Die fertigen Makronen aus dem Ofen nehmen und vollständig auskühlen lassen und bis zum Verzehr in einer Plätzchendose kühl aufbewahren.

Pro Portionen:
Für ca. 30 Stück:

Schwierigkeit:
mittel

Zubereitungszeit:
30 Minuten

Mokkamakronen

ZUTATEN

Für die Schaummasse:
3 Eiweiß
1 Prise Salz
200 g Zucker
125 g geschälte, gemahlene Mandeln
20 g Speisestärke
2 EL Instant Kaffeepulver
½ TL Zimtpulver

Außerdem:
ca. 40 runde Backoblaten
(50 mm Ø)
ca. 40 Schokoladen-Mokkabohnen

ZUBEREITUNG

1. Die Eiweiße mit dem Salz in eine Schüssel geben und mit den Schneebesen des Handrührgerät zu steifem Schnee schlagen.

2. Den Zucker unter ständigem Schlagen einrieseln lassen und so lange schlagen, bis sich der Zucker vollständig aufgelöst hat. Etwas Eischnee in eine Schüssel geben und beiseitestellen.

3. Mandeln, Speisestärke, Kaffeepulver und Zimtpulver miteinander vermischen und nach und nach unter den restlichen Eischaum heben.

4. Die Nussmasse mit zwei Teelöffeln oder mit einem Makronenportionierer auf die Backoblaten geben.

5. Die Makronen auf ein Backblech setzen und im auf 130 °C vorgeheizten Backofen 25 Minuten backen.

6. Die Makronen aus dem Ofen nehmen, auf ein Kuchengitter setzen und erkalten lassen.

7. Die restlichen Eiweißmasse in ein Spritztütchen füllen, auf die Makronen spritzen und je eine Mokkabohne auf die Eiweißmasse setzen.

8. Die Eiweißmasse abtrocknen lassen und die Mokka-Makronen bis zum Verzehr in einer Plätzchendose kühl und dunkel aufbewahren.

Variation:

Rührschüsseln sollten Sie mehrere zuhause haben, mindestens eine zum Anrühren des Teiges und eine hohe, schmale zum Schlagen von Eiweiß und Sahne. Entscheidend ist nicht das Material – Rührschüsseln gibt es aus Metall, Emaille, Steingut oder Kunststoff wichtig ist ein glatter, abgerundeter Boden und die Hitzebeständigkeit, denn manche Teige, Cremes usw. müssen über Wasserdampf aufgeschlagen werden. Schüsseln aus Kunststoff und Metall haben den Vorteil, dass sie bruchsicher sind. Außerdem besitzen die meisten Kunststoffschüsseln am Boden einen Gummiring, der verhindert, dass die Schüssel beim Rühren wegrutscht.

Pro Portionen:
Für ca. 40 Stück:

Schwierigkeit:
mittel

Zubereitungszeit:
30 Minuten

Orangenmakronen

ZUTATEN

Für die Schaummasse:
2 Eiweiß
120 g Puderzucker
1 Päckchen Orangenaroma
100 g gemahlene Mandeln
50 g fein gehacktes Orangeat

Außerdem:
ganze Haselnüsse
Kakaopulver zum Bestäuben

Pro Portionen:
Für ca. 30 Stück:

Schwierigkeit:
mittel

Zubereitungszeit:
30 Minuten

ZUBEREITUNG

1. Die Eiweiße zu steifem Schnee schlagen. Den Puderzucker unter ständigem Schlagen einrieseln lassen.

2. Das Orangenaroma, die Mandeln und das fein gewürfelte Orangeat unter die Eiweißmasse heben.

3. Mit einem Esslöffel Häufchen auf ein mit Backpapier ausgelegtes Backblech setzen und in die Mitte der Masse je eine Haselnuss drücken.

4. Die Makronen in dem auf 140 °C vorgeheizten Ofen ca. 25–30 Minuten backen. Die Makronen aus dem Backofen nehmen, auf ein Kuchengitter setzen und abkühlen lassen.

5. Die Makronen an den Rändern mit Kakaopulver bestäuben und bis zum Verzehr in einer Plätzchendose aufbewahren.

Rosinen-Nuss-Makronen

ZUTATEN

Für die Schaumasse:
3 Eiweiß, 200 g Zucker
100 g fein gemahlene Mandeln
4 EL gehackte Rosinen
50 g gehackte Haselnuss- und Walnusskerne

Außerdem:
ca. 40 Backoblaten (70 mm Ø)
200 g Vollmilchglasur
100 g Rosinen
gemahlene Mandeln zum Bestreuen

Pro Portionen:
Für ca. 40 Stück:

Schwierigkeit:
mittel

Zubereitungszeit:
30 Minuten

ZUBEREITUNG

1. Die Eiweiße mit dem Zucker über dem Wasserbad zu steifem Schnee aufschlagen. Die Schüssel mit dem Eischaum auf einen Topf mit kaltem Wasser stellen und den Eischnee kalt schlagen.

2. Mandeln, Rosinen und Nüsse in eine Schüssel geben und vermischen. Die Rosinen-Nuss-Mischung zum Eischnee geben und mit einem Kochlöffel vorsichtig unterheben. Die Masse in einen Spritzbeutel mit Lochtülle füllen und gleichmäßig große Häufchen auf die Backoblaten spritzen.

3. Die Makronen im auf 160 °C vorgeheizten Backofen 25 Minuten backen. Die fertig gebackenen Makronen aus dem Backofen nehmen und vollständig auskühlen lassen.

4. Die Glasur schmelzen. Die Makronen damit überziehen und anschließend mit den Rosinen belegen. Die Makronen auf ein Kuchengitter setzen und abtrocknen lassen. Die Makronen mit den gemahlenen Mandeln bestreuen und bis zum Verzehr in einer Plätzchendose kühl und dunkel aufbewahren.

Schokoladenschäumchen

ZUTATEN

Für die Schaummasse:
4 Eiweiß
100 g Zucker
100 g Puderzucker
1 TL Speisestärke
1 gehäufter EL Kakaopulver

Außerdem:
Puderzucker und
Kakaopulver zum Bestäuben

ZUBEREITUNG

1. Die Eiweiße in eine saubere Schüssel geben und mit den Schneebesen des Handrührgerätes schaumig schlagen.

2. Den Zucker mit dem gesiebten Puderzucker und der Speisestärke vermischen und langsam kräftig unter den Eischaum schlagen. Das Kakaopulver vorsichtig unterheben.

3. Die Baisermasse in einen Spritzbeutel mit großer Sterntülle füllen und Locken auf ein mit Backpapier ausgelegtes Backblech spritzen.

4. Die Schokoladenschäumchen in dem auf 120 °C vorgeheizten Backofen 90–120 Minuten trocknen lassen.

5. Die fertigen Schokoladenschäumchen aus dem Backofen nehmen, erkalten lassen, mit Puderzucker und Kakaopulver bestäuben und bis zum Verzehr in einer Plätzchendose trocken aufbewahren.

Variation:

Zur Abwechslung können Sie die Baisermasse mit einigen Tropfen Speisefarbe oder Rote-Bete-Saft einfärben und die Masse ringförmig aufspritzen. Mit einer dünnen Goldkordel werden die Baiserringe am Weihnachtsbaum oder einem Strauß aus Zweigen befestigt. Die Schäumchen können nach dem Trocknen mit Schokoladenglasur, Liebesperlen, gehackten Pistazien oder Mandeln verziert werden. Der Fantasie sind hier keine Grenzen gesetzt. Einen aparten Geschmack erhalten die Schäumchen, wenn Sie anstelle des Kakaopulvers die abgeriebene Schale von unbehandelten Zitronen, Orangen oder Limetten verwenden.

Pro Portionen:
Für ca. 60 Stück:

Schwierigkeit:
mittel

Zubereitungszeit:
30 Minuten

Schokoladenmakronen

ZUTATEN

Für die Schaummasse:
50 g Zartbitterschokolade
2 Eiweiß, 100 g Puderzucker
1 Päckchen Vanillezucker
1 EL Kakaopulver

Außerdem:
50 g Schokoladenglasur
Schokoladenkugeln
zum Garnieren

Pro Portionen:
Für ca. 30 Stück:

Schwierigkeit:
mittel

Zubereitungszeit:
30 Minuten

ZUBEREITUNG

1. Die Zartbitterschokolade fein reiben und bereitstellen. Die Eiweiße zu steifem Schnee schlagen. Den Puderzucker einrieseln lassen und solange weiterschlagen, bis er sich aufgelöst hat.

2. Die geriebene Schokolade, den Vanillezucker und das Kakaopulver vorsichtig unter die Masse rühren.

3. Mithilfe von 2 Teelöffeln Häufchen auf ein mit Backpapier ausgelegtes Backblech setzen und die Makronen im 120 °C vorgeheizten Backofen etwa 35 Minuten mehr trocknen als backen.

4. Die Makronen auf ein Kuchengitter setzen und auskühlen lassen. Die Glasur schmelzen und auf die Makronen dressieren. Mit Schokoladenkugeln verzieren, abtrocknen lassen und bis zum Verzehr kühl aufbewahren.

Haselnussmakronen

ZUTATEN

Für die Schaumasse:
2 Eiweiß
120 g Puderzucker
100 g gemahlene
Haselnüsse

Außerdem:
30 Backoblaten
(40 mm Durchmesser)
Haselnusskerne zum
Belegen

Pro Portionen:
Für ca. 30 Stück:

Schwierigkeit:
mittel

Zubereitungszeit:
30 Minuten

ZUBEREITUNG

1. Die Eiweiße zu steifem Schnee schlagen. Den Puderzucker unter ständigem Schlagen einrieseln lassen und solange weiterschlagen, bis sich der Zucker vollständig aufgelöst hat und die Masse schön glänzend ist. Die Haselnüsse unter die Eiweißmasse heben.

2. Mit einem Esslöffel Häufchen auf die Oblaten setzen und in die Mitte der Masse je eine halbierte Nuss drücken.

3. Die Makronen auf ein Backblech setzen und im auf 130 °C vorgeheizten Backofen etwa 25–30 Minuten backen.

4. Die Makronen aus dem Ofen nehmen, auf ein Kuchengitter setzen und vollständig abkühlen lassen. Die Haselnussmakronen bis zum Verzehr in einer Plätzchendose aufbewahren.

Bunte Fruchthäufchen

ZUTATEN

Für die Schaummasse:
3 Eiweiß
75 g Zucker
75 g Puderzucker
1 TL Speisestärke

Außerdem:
100 g kandierte Ananasstücke
100 g kandierte Kirschen

ZUBEREITUNG

1. Die Eiweiße in eine Schüssel geben und mit den Schneebesen des Handrührgerätes schaumig schlagen.

2. Den Zucker mit dem gesiebten Puderzucker und der Speisestärke vermischen und langsam kräftig unter den Eischaum schlagen.

3. Die kandierten Früchte fein hacken und ca. 150 g unter den Eischnee heben.

4. Mithilfe von 2 Teelöffeln kleine Häufchen auf ein mit Backpapier ausgelegtes Backblech setzen und diese in dem auf 120 °C vorgeheizten Backofen 90–120 Minuten mehr trocknen lassen als backen.

5. Die Fruchthäufchen aus dem Backofen nehmen, mit den restlichen Früchten bestreuen, erkalten lassen und bis zum Verzehr in einer Plätzchendose aufbewahren.

Variation:

Bei der Zubereitung einer Baisermasse muss darauf geachtet werden, dass die Eier frisch sind und sehr sorgfältig getrennt werden. Schon die kleinste Menge Eigelb verhindert, dass der Eischnee fest wird. Die Rührschüssel muss absolut fettfrei sein. Besonders fest wird Eischnee, wenn Sie 1 Prise Salz oder einige Tropfen Zitronensaft hinzufügen. Damit der Eischnee durch längeres Stehen nicht zusammenfällt, sollten Sie die im Rezept angegebene Menge nicht verdoppeln. Baisergebäck lässt sich gut abwandeln. Spritzen Sie Tupfen auf das Backblech und kleben Sie sie nach dem Backen mit einer Glasur zusammen. Zum Verfeinern mischen Sie geriebene Schokolade unter die Baisermasse.

Pro Portionen:
Für ca. 60 Stück:

Schwierigkeit:
mittel

Zubereitungszeit:
30 Minuten

Aprikosen-Mandel-Zungen

ZUTATEN

Für die Schaummasse:
3 Eiweiß, 100 g Zucker
1 TL Speisestärke
125 g gemahlene Mandeln

Außerdem:
50 g gemahlene Mandeln zum Bestreuen
100 g Aprikosenmarmelade
200 g Vanilleglasur
50 g gehackte Belegkirschen

Pro Portionen:
Für ca. 40 Stück:

Schwierigkeit:
mittel

Zubereitungszeit:
30 Minuten

ZUBEREITUNG

1. Eiweiße schaumig schlagen. Zucker und Speisestärke vermischen und nach und nach unter den Eischnee schlagen. Die Mandeln zum Schluss unter die Masse heben.

2. Die Masse in einen Spitzbeutel mit Lochtülle füllen und 6–8 cm lange Zungen auf ein mit Backpapier ausgelegtes Backblech spritzen.

3. Die Zungen mit gemahlenen Mandeln bestreuen und im auf 130 °C erhitzten Ofen ca. 25–30 Minuten backen.

4. Die Marmelade erwärmen. Die Vanilleglasur hinzufügen, darin schmelzen und die gewürfelten Kirschen einrühren.

5. Die Hälfte der Zungen mit der Masse bestreichen, mit der anderen Hälfte abdecken, abtrocknen lassen und bis zum Verzehr kühl aufbewahren.

Makronen mit Vanilleglasur

ZUTATEN

Für die Schaumasse:
150 g gemahlene Mandeln
150 g gehackte Mandeln
100 g Vanilleglasur
3 Eiweiß
1 Prise Salz
150 g Zucker

Außerdem:
200 g Vanilleglasur
50 g Puderzucker zum Bestäuben

Pro Portionen:
Für ca. 40 Stück:

Schwierigkeit:
mittel

Zubereitungszeit:
30 Minuten

ZUBEREITUNG

1. Die gemahlenen und die gehackten Mandeln in einer trockenen Pfanne leicht rösten, vom Herd nehmen, erkalten lassen und mit der geriebenen Vanilleglasur vermischen.

2. Die Eiweiße mit dem Salz in eine saubere Schüssel geben und mit den Schneebesen des Handrührgerät zu sehr steifem Schnee schlagen. Den Zucker langsam einrieseln lassen und solange weiterschlagen, bis die Masse glänzende Spitzen zeigt.

3. Die Nussmischung unter den Eischnee heben. Die Masse mit zwei Teelöffeln oder mit einem Makronenportionierer im Abstand von 2 Zentimetern in Häufchen auf ein mit Backpapier ausgelegtes Backblech setzen.

4. Die Makronen in dem auf 140 °C vorgeheizten Backofen 25–30 Minuten backen. Die Makronen sollen sich leicht vom Papier lösen. Anschließend die fertig gebackenen Makronen auf ein Kuchengitter setzen und vollständig erkalten lassen.

5. Die Vanilleglasur im Wasserbad schmelzen und glatt rühren. Die Makronen mit der Unterseite in die Glasur tauchen, auf ein Kuchengitter setzen und die Glasur trocknen lassen. Die Makronen mit Puderzucker bestäuben und in einer Plätzchendose bis zum Verzehr kühl aufbewahren.

Marzipan-Schoko-Flöckchen

ZUTATEN

Für die Schaummasse:
250 g Marzipanrohmasse
125 g Puderzucker
1 Eiweiß
1 Msp. Kardamom

Außerdem:
100 g dunkle Schokoladenglasur
Belegkirschen zum Garnieren

Pro Portionen:
Für ca. 25 Stück:

Schwierigkeit:
mittel

Zubereitungszeit:
30 Minuten

ZUBEREITUNG

1. Die Marzipanrohmasse auf einer Arbeitsfläche mit einem Messer würfeln und dann in eine Schüssel geben. Das Marzipan mit dem gesiebten Puderzucker, dem Eiweiß und dem Kardamom zu einem glatten Teig verkneten. Sollte die Masse zu fest sein, noch etwas Eiweiß hinzufügen und unterarbeiten.

2. Die Marzipanmasse in einen Spritzbeutel mit Sterntülle füllen und Flöckchen auf ein mit Backpapier ausgelegtes Backblech aufspritzen. Die Marzipan-Flöckchen im auf 180 °C vorgeheizten Backofen 10 Minuten backen. Gegen Ende der Backzeit kontrollieren, dass die Flöckchen nicht zu dunkel werden, sonst mit Alufolie abdecken.

3. Die fertigen Flöckchen aus dem Backofen nehmen, leicht erkalten lassen, auf ein Kuchengitter setzen und auskühlen lassen. Die Glasur schmelzen und die Marzipan-Flöckchen mit den Spitzen in die Glasur tauchen.

4. Die Marzipan-Schoko-Flöckchen mit halbierten Belegkirschen garnieren, auf ein Kuchengitter setzen und die Glasur abtrocknen lassen. Die Flöckchen bis zum Verzehr in einer Plätzchendose kühl aufbewahren.

Walnussmakronen

ZUTATEN

Für die Schaumasse:
2 Eiweiß
150 g Zucker
1 TL Vanillearoma
50 g gemahlene Walnusskerne
1 TL Vanillepuddingpulver

Außerdem:
gehackte Walnusskerne zum Bestreuen

Pro Portionen:
Für ca. 25 Stück:

Schwierigkeit:
leicht

Zubereitungszeit:
30 Minuten

ZUBEREITUNG

1. Die Eiweiße mit den Schneebesen des Handrührgerätes auf höchster Stufe steif schlagen. Den Zucker mit dem Vanillearoma vermischen und esslöffelweiße langsam unter den Eischnee schlagen.

2. Die gemahlenen Walnusskerne mit dem Puddingpulver in eine Schüssel geben und vermischen. Die Nussmischung zum Eischnee geben und alles miteinander vermischen.

3. Die Masse in einen Spritzbeutel mit Lochtülle füllen und Häufchen auf ein mit Backpapier ausgelegtes Backblech spritzen.

4. Die Makronen mit den gehackten Walnusskernen bestreuen und im auf 150–160 °C vorgeheizten Backofen etwa 25 Minuten backen.

5. Die fertig gebackenen Walnussmakronen aus dem Backofen nehmen, leicht erkalten lassen, auf ein Kuchengitter setzen und vollständig auskühlen lassen. Die Walnussmakronen bis zum Verzehr in einer Plätzchendose kühl und dunkel aufbewahren.

Lebkuchen

Lebkuchenherzen

ZUTATEN

Für den Teig:
300 g Honig, 125 g Zucker, 2 Eier
1 Päckchen Lebkuchengewürz
Neunerlei, 2 EL Milch, 400 g Mehl
1 ½ Päckchen Backpulver

Außerdem:
150 g Aprikosenmarmelade
halbierte, geschälte Mandeln und
Belegkirschen zum Garnieren
50 g Schokoladenglasur

Pro Portionen:
Für ca. 20 Stück:

Schwierigkeit:
mittel

Zubereitungszeit:
30 Minuten

ZUBEREITUNG

1. Den Honig mit dem Zucker in einem Topf schmelzen, vom Herd nehmen, in eine Schüssel geben und abkühlen lassen. Die Eier hinzufügen und schaumig schlagen. Das Lebkuchengewürz und die Milch untermischen.

2. Das Mehl mit dem Backpulver vermischen und auf eine Arbeitsfläche sieben. Die Honigmasse dazugeben und alles zu einem glatten Teig verkneten. Den Teig in Klarsichtfolie wickeln und 1–2 Stunden im Kühlschrank ruhen lassen.

3. Den Teig auf einer bemehlten Arbeitsfläche nicht zu dünn ausrollen und Herzen ausstechen, diese auf ein mit Backpapier ausgelegtes Backblech setzen und über Nacht trocknen lassen. Anschließend die Herzen in dem auf 180 °C vorgeheizten Backofen 12–15 Minuten backen, herausnehmen und auf einem Kuchengitter leicht abkühlen lassen.

4. Die Marmelade durch ein Sieb streichen und die Herzen damit überziehen. Mit Mandeln und Belegkirschen garnieren und mit der zerlassenen Schokoladenglasur beträufeln. Die Lebkuchenherzen erst 1–2 Tage offen und anschließend bis zum Verzehr in einer Plätzchendose aufbewahren.

Lebkuchensterne

ZUTATEN

Für den Honigteig:
300 g Kastanienhonig
125 g Zucker, 1 Ei
1–2 TL Lebkuchengewürz
375 g Mehl
5 g Hirschhornsalz
2 EL Milch
5 g Pottasche, 2 EL Milch

Außerdem:
100 g Aprikosenmarmelade
geschälte Mandelstifte
und rote Belegkirschen
zum Verzieren

Pro Portionen:
Für ca. 15 Stück:

Schwierigkeit:
mittel

Zubereitungszeit:
30 Minuten

ZUBEREITUNG

1. Honig und Zucker in einem Topf erhitzen, aber nicht kochen lassen. Solange rühren, bis sich der Zucker aufgelöst hat. Die Masse vom Herd nehmen und abkühlen lassen. Das Ei und das Lebkuchengewürz unterrühren und das gesiebte Mehl unterkneten.

2. Das Hirschhornsalz und die Pottasche – getrennt – in je 2 EL Milch auflösen, zuerst das Hirschhornsalz und anschließend die Pottasche unter den Teig arbeiten. Den Teig nochmals kräftig kneten, ausrollen und mithilfe von Schablonen oder Ausstechformen Sterne ausschneiden oder ausstechen.

3. Die Sterne auf ein mit Backpapier ausgelegtes Backblech setzen und in dem auf 180 °C vorgeheizten Backofen ca. 25 Minuten backen. Die Lebkuchensterne aus dem Ofen nehmen, auf ein Kuchengitter legen und mit der aufgekochten und durch ein Sieb gestrichenen Aprikosenmarmelade bestreichen.

4. Die Lebkuchensterne mit den geschälten Mandelstiften und den ganzen oder halbierten Belegkirschen verzieren und die Aprikosenmarmelade vollständig abtrocknen lassen. Die Lebkuchensterne in eine Plätzchendose geben und bis zum Verzehr kühl aufbewahren.

Fränkische Elisenlebkuchen

ZUTATEN

Für den Teig:
250 g Marzipanrohmasse
225 g Zucker
100 g gemahlene Mandeln
30 g Orangeat
30 g Zitronat
20 g Kakaopulver
20 g Weizenmehl
½ TL Lebkuchengewürz
4 Eiweiß

Außerdem:
200 g Aprikosenmarmelade
50 g Vollmilchglasur
Mandelblättchen zum Belegen

TIPP:

Wichtige Backtriebmittel in der Weihnachtsbackstube sind das Hirschhornsalz sowie die Pottasche. Besonders für flache Teige wie Lebkuchen und Spekulatius werden sie besonders gern genutzt. Man kann stattdessen Backpulver oder Natron verwenden, diese verändern allerdings den Geschmack des Gebäcks. Wenn man im Gewürzregal des Supermarkts nicht fündig wird, kann man Hirschhornsalz und Pottasche auch in Apotheken kaufen.

Pro Portionen:
Für ca. 16 Stück:

Schwierigkeit:
mittel

Zubereitungszeit:
30 Minuten

ZUBEREITUNG

1. Die Marzipanrohmasse in feine Würfel schneiden, mit einem großen Messer hacken und in eine Schüssel geben. Den Zucker, die Mandeln, das fein gehackte Orangeat sowie das fein gehackte Zitronat mit dem Kakaopulver, dem gesiebten Mehl und dem Lebkuchengewürz zum Marzipan geben und alles gut miteinander vermischen.

2. Die Eiweiße in einen großen Topf geben und mit einem Schneebesen kurz verschlagen. Die übrigen Zutaten dazugeben und alles gut miteinander vermischen.

3. Den Topf auf die heiße Herdplatte stellen und die Masse abrösten. Dabei ständig umrühren und nicht anbrennen lassen.

4. Die Masse vom Herd nehmen und unter Rühren etwas abkühlen lassen. Anschließend die Masse in einen Spritzbeutel mit Lochtülle füllen und 16 Lebkuchen (6 cm Durchmesser) auf zwei mit Backpapier ausgelegte Backbleche spritzen.

5. Die Lebkuchen an einem warmen Ort solange (mindestens zwei Stunden) trocknen lassen, bis die Oberfläche angetrocknet ist und nicht mehr klebt.

6. Die Lebkuchen in dem auf 170 °C vorgeheizten Backofen 20 Minuten backen. Die fertigen Lebkuchen aus dem Backofen nehmen, auf ein Kuchengitter legen und vollständig auskühlen lassen.

7. Die Aprikosenmarmelade erhitzen, durch ein Sieb streichen und die Lebkuchen mit der Marmelade überziehen.

8. Die Glasur schmelzen, Linien auf die Lebkuchen spritzen und mit Mandelblättchen belegen. Die Lebkuchen vollständig abtrocknen lassen und in einer Plätzchendose bis zum Verzehr kühl aufbewahren.

Pfeffernüsse mit Mandeln

ZUTATEN

Für den Teig:
100 g Zucker, 1 Ei
50 g gemahlene Mandeln
100 g Mehl, 1 EL Honig
2 g Lebkuchengewürz
1 TL Zimtpulver, 1 Messerspitze
Hirschhornsalz, 1 EL Milch

Außerdem:
150 g dunkle Schokoladenglasur
50 g Mandelblättchen

Pro Portionen:
Für ca. 30 Stück:

Schwierigkeit:
mittel

Zubereitungszeit:
30 Minuten

ZUBEREITUNG

1. Den Zucker mit dem Ei in eine Schüssel geben und mit den Schneebesen des Handrührgerätes schaumig schlagen. Die Mandeln dazugeben und vorsichtig mit einem Kochlöffel unterrühren. Das gesiebte Mehl mit dem Honig, dem Lebkuchengewürz und dem Zimt hinzufügen und die Zutaten zu einem glatten, kompakten Teig verkneten.

2. Das Hirschhornsalz in der Milch auflösen, zum Teig geben und unterarbeiten. Den Teig auf einer bemehlten Arbeitsfläche etwa ein Zentimeter dick ausrollen und Kreise (3 cm Durchmesser) ausstechen. Die Pfeffernüsse auf ein mit Backpapier ausgelegtes Backblech legen und in dem auf 180 °C vorgeheizten Backofen etwa 15 Minuten backen.

3. Die fertig gebackene Pfeffernüsse aus dem Backofen nehmen und auf dem Backblech leicht auskühlen lassen. Die Pfeffernüsse auf ein Kuchengitter setzen und vollständig erkalten lassen.

4. Die Schokoladenglasur nach Packungsanweisung schmelzen und die Pfeffernüsse damit überziehen. Die Pfeffernüsse mit den Mandelblättchen bestreuen und vollständig abtrockenen lassen. Die Pfeffernüsse bis zum Verzehr in einer Plätzchendose kühl und dunkel aufbewahren.

Grundrezept Honigkuchenteig:

1. 320 g Honig mit 120 g Zucker in einen Topf geben und unter ständigem Rühren solange erhitzen, bis sich der Zucker vollständig aufgelöst hat. Den Sirup vom Herd nehmen und erkalten lassen.

Pro Portionen:
Für ca. 25 Stück:

Schwierigkeit:
mittel

Zubereitungszeit:
30 Minuten

2. Ein Ei mit 20 g Zucker in eine Schüssel geben und mit den Schneebesen des Handrührgerätes cremig aufschlagen. 375 g Mehl auf eine Arbeitsfläche sieben und eine Mulde eindrücken.

3. Den Sirup in die Mulde geben, 2 gestrichene TL Lebkuchengewürz darüberstreuen und alles kurz verkneten. Den Eischaum hinzufügen und das Ganze zu einem glatten Teig verarbeiten.

4. 5 g Hirschhornsalz in 2 EL Milch auflösen und unter den Teig arbeiten. Anschließend 4 g Pottasche in 2 EL Milch auflösen und ebenfalls unter den Teig arbeiten.

5. Den Teig in Alufolie wickeln und im Kühlschrank mindestens fünf Stunde ruhen lassen. Den Teig auf einer bemehlten Arbeitsfläche ein Zentimeter dick ausrollen, Lebkuchen ausstechen, diese auf ein mit Backpapier ausgelegtes Backblech geben und in dem auf 170 °C vorgeheizten Backofen 25–30 Minuten backen.

Honigkuchen

ZUTATEN

Für den Teig:
300 g Honig
180 g Zucker
60 ml Wasser
400 g Weizenmehl
120 g Roggenmehl
1 TL Lebkuchengewürz
1 TL Zimtpulver
50 g Kakaopulver
50 g klein geschnittenes Orangeat
50 g gehackte Mandeln
7 g Hirschhornsalz
5 g Pottasche
2 EL Milch
1 Eigelb

Außerdem:
250 g Aprikosenmarmelade
Vollmilchglasur, rote Belegkirschen, geschälte Mandeln und Mandelsplitter zum Verzieren

ZUBEREITUNG

1. Den Honig mit dem Zucker und dem Wasser in eine feuerfeste Schüssel geben und im Wasserbad auflösen.

2. Das Weizenmehl mit dem Roggenmehl vermischen und in eine Schüssel sieben. Lebkuchengewürz, Zimtpulver, Kakaopulver, Orangeat und die Mandeln zum Mehl geben und untermischen.

3. Die Mehlmischung zum Honig geben und mit einem Kochlöffel zu einem glatten Teig verrühren.

4. Das Hirschhornsalz und die Pottasche – getrennt – in je 1 EL Milch auflösen, zuerst das Hirschhornsalz und anschließend die Pottasche mit dem Eigelb zur Mehlmischung geben und das Ganze zu einem Teig verkneten. Den Teig über Nacht zugedeckt an einem kühlen Ort ruhen lassen.

5. Den Lebkuchenteig auf ein mit Backpapier ausgelegtes Backblech geben und gleichmäßig verteilen. Ein Messer in kaltes Wasser tauchen und den Teig damit glatt streichen.

6. Die Lebkuchen in dem auf 180–200 °C vorgeheizten Ofen 15–20 Minuten backen. Die fertigen Honigkuchen aus dem Ofen nehmen und noch warm in Rechtecke oder Quadrate schneiden.

7. Die Aprikosenmarmelade erhitzen, durch ein Sieb streichen und die Lebkuchen mit der Marmelade überziehen. Auf die Lebkuchenecken die geschmolzene Schokolade aufspritzen.

8. Die Honigkuchen mit Belegkirschen, geschälten Mandeln und Mandelsplitter belegen, abtrocknen lassen, in eine Plätzchendose geben und bis zum Verzehr kühl und dunkel aufbewahren.

Variation:

Die getrocknete Rinde des Zimtbaums ist das Weihnachtsgewürz schlechthin. Sein würzig-süßliches Aroma verfeinert Lebkuchen, Zimtsterne, Pfeffernüsse, Spekulatius und viele weitere Weihnachtsspezialitäten.

Pro Portionen:
Für ca. 12 Stück:

Schwierigkeit:
mittel

Zubereitungszeit:
40 Minuten

Orangenlebkuchen

ZUTATEN

Für den Teig:
3 Eier
375 g Zucker
100 g gemahlene Mandeln
100 g gemahlene Haselnüsse
100 g Orangeat
2 Päckchen Orangenaroma
10 g Lebkuchengewürz
325 g Mehl
2 g Hirschhornsalz
2 EL Milch
1 g Pottasche
2 EL Milch

Für die Glasur:
2 cl Kirschwasser
Saft von ½ Orange
150–200 g Puderzucker

Außerdem:
Zitronat und Orangeat zum Bestreuen

TIPP:

Stangenzimt wird aus Ceylon-Zimt gemacht, indem mehrere getrocknete Rindenschichten ineinandergeschoben werden. Dieser Zimt heißt auch Kaneel, er ist etwas heller und schmeckt feiner. Gemahlener Zimt wird aus Kassia-Zimt oder Padang-Zimt hergestellt und ist dunkler, aromatischer, aber auch etwas bitter. Zimt wirkt antibakteriell und regt die Verdauung an.

Pro Portionen:
Für ca. 24 Stück:

Schwierigkeit:
mittel

Zubereitungszeit:
30 Minuten

ZUBEREITUNG

1. Die Eier mit dem Zucker in eine Schüssel geben und mit den Schneebesen des Handrührgerätes schaumig schlagen.

2. Die gemahlenen Nüsse, das fein geschnittene Orangeat, das Orangenaroma und das Lebkuchengewürz mit dem gesiebten Mehl vermischen, auf den Eischaum geben und das Ganze mit den Händen zu einem glatten Teig verkneten.

3. Das Hirschhornsalz mit der Milch auflösen und unter den Teig kneten. Die Pottasche in der Milch auflösen und unter den Teig kneten. Hirschhornsalz und Pottasche immer getrennt verarbeiten.

4. Den Teig auf einer bemehlten Arbeitsfläche zwei Zentimeter dick ausrollen, auf ein mit Backpapier ausgelegtes Backblech geben und im auf 170 °C vorgeheizten Backofen 25–30 Minuten backen.

5. Den fertig gebackenen Lebkuchenteig aus dem Backofen nehmen, auf dem Backblech auskühlen lassen und anschließend auf ein Kuchengitter setzen.

6. Für den Guss das Kirschwasser mit dem Orangensaft in eine Schüssel geben. Den gesiebten Puderzucker hinzufügen und alles zu einem zähflüssigen Guss verrühren. Sollte der Zuckerguss noch zu dünn sein, zusätzlich Puderzucker unterrühren.

7. Die Lebkuchenplatte dünn mit dem Guss bestreichen, gut abtrocknen lassen, in Rechtecke oder Quadrate schneiden und die Makronenlebkuchen bis zum Verzehr in einer Plätzchendose kühl und dunkel aufbewahren.

Lebkuchen mit Früchten

ZUTATEN

Für den Teig:
150 g kandierte Früchte (Zitronat, Orangeat, bunte Belegkirschen oder andere Früchte)
200 g Pistazien
5 Eier
200 g Zucker
2 Päckchen Vanillezucker
300 g Mehl
1 gehäufter TL Lebkuchengewürz
3 g Hirschhornsalz
3 TL Milch

Außerdem:
45–50 Backoblaten
60 mm Durchmesser
200 g Puderzucker
2 EL heißes Wasser
2 EL Rum
Belegkirschen und gehackte Pistazien zum Verzieren

ZUBEREITUNG

1. Die kandierten Früchte sehr fein schneiden und in eine Schüssel geben. Die Pistazien fein mahlen und untermischen.

2. Die Eier mit dem Zucker und dem Vanillezucker in eine Schüssel geben und mit den Schneebesen des Handrührgerätes weiß-schaumig schlagen.

3. Das Mehl mit dem Lebkuchengewürz vermischen und über die Eimasse sieben.

4. Die Früchte und das in Wasser oder Milch aufgelöste Hirschhornsalz dazugeben und alles zu einem glatten Teig verarbeiten.

5. Den Lebkuchenteig zugedeckt an einem kühlen Ort über Nacht ruhen lassen.

6. Den Lebkuchenteig mit einem Löffel abstechen und auf eine Backoblate streichen. Ein Messer ins Wasser tauchen und den Teig damit auf der Oblate verstreichen.

7. Die Lebkuchen auf ein mit Backpapier ausgelegtes Backblech setzen und in dem auf 160 °C vorgeheizten Backofen 25–30 Minuten backen.

8. Die fertig gebackenen Lebkuchen aus dem Backofen nehmen, auf ein Kuchengitter setzen und vollständig erkalten lassen.

9. Den Puderzucker in eine Schüssel sieben und mit dem heißen Wasser und dem Rum zu einem glatten, zähflüssigen Guss verrühren.

10. Die Lebkuchen mit dem Zuckerguss überziehen, mit Belegkirschen und gehackten Pistazien verzieren, auf ein Kuchengitter setzen und den Guss vollständig abtrocknen lassen.

11. Die Lebkuchen mit Früchten in eine Plätzchendose geben und bis zum Verzehr kühl aufbewahren.

Pro Portionen:
Für ca. 50 Stück:

Schwierigkeit:
mittel

Zubereitungszeit:
40 Minuten

Schokoladenlebkuchen

ZUTATEN

2 Eiweiß, 1 Prise Salz
160 g Puderzucker
100 g geriebene Mandeln
50 g Schokoladenstreusel
50 g Rosinen, 50 g Datteln
50 g Speisestärke
eckige Backoblaten (Ø 70 mm)
200 g dunkle Schokoladenglasur (Fertigprodukt)
gehackte Nüsse zum Bestreuen

Pro Portionen:
Für ca. 25 Stück:

Schwierigkeit:
mittel

Zubereitungszeit:
30 Minuten

ZUBEREITUNG

1. Die Eiweiße mit dem Salz steif schlagen, den gesiebten Puderzucker einrieseln lassen und dickschaumig aufschlagen.

2. Die Mandeln, die Schokoladenstreusel und die fein gehackten Rosinen und Datteln zur Schaummasse geben. Die Speisestärke darübersieben und alles vorsichtig unterheben.

3. Den Teig etwa 1–2 cm dick auf die Backoblaten streichen, diese auf ein Backblech setzen und in dem auf 160–170 °C vorgeheizten Backofen 12–15 Minuten backen. Die fertig gebackenen Lebkuchen aus dem Backofen nehmen, leicht auskühlen lassen, auf ein Kuchengitter setzen und vollständig erkalten lassen.

4. Die Schokoladenglasur nach Packungsanweisung im Wasserbad schmelzen und die Lebkuchen damit überziehen. Die Glasur vollständig trocknen lassen und die Schokoladenlebkuchen bis zum Verzehr in einer Plätzchendose aufbewahren. Damit die Schokoladenlebkuchen nicht zusammenkleben, sollten Sie zwischen jede Lage Pergamentpapier legen.

Marzipanlebkuchen

ZUTATEN

150 g Marzipanrohmasse
150 g brauner Zucker
2 Eiweiß, 1 EL Honig
¼ TL Hirschhornsalz, 1 EL Milch
60 g gemahlene Mandeln
60 g gemahlene Haselnüsse
50 g Orangeat und Zitronat
70 g Mehl, 30 Backoblaten
60 mm Durchmesser

Außerdem:
300 g weiße Schokoladenglasur
50 g gehacktes Orangeat und Zitronat

Pro Portionen:
Für ca. 30 Stück:

Schwierigkeit:
mittel

Zubereitungszeit:
30 Minuten

ZUBEREITUNG

1. Die Marzipanrohmasse in feine Würfel schneiden, mit dem Zucker, dem Eiweiß und dem Honig in eine feuerfeste Schüssel geben und glatt rühren. Die Schüssel ins heiße Wasserbad stellen und die Zutaten cremig aufschlagen. Die Creme vom Herd nehmen, die Schüssel in kaltes Wasser stellen und die Masse kalt schlagen. Das Hirschhornsalz mit der Milch in einer Schüssel verrühren, auflösen und unter die Marzipancreme rühren.

2. Die Mandeln, die Haselnüsse, das in sehr feine Würfel geschnittene Orangeat und Zitronat und das gesiebte Mehl vermischen und unter die Marzipancreme rühren. Die Masse auf die Oblaten streichen und diese auf ein mit Backpapier ausgelegtes Backblech legen.

3. Die Lebkuchen über Nacht bei Zimmertemperatur trocknen lassen. Am nächsten Tag die Lebkuchen in den auf 160 °C vorgeheizten Backofen schieben und darin etwa 15 Minuten backen.

4. Die Lebkuchen aus dem Backofen nehmen, leicht abkühlen lassen, auf ein Kuchengitter setzen und erkalten lassen. Die weiße Schokoladenglasur im Wasserbad schmelzen, die Lebkuchen damit überziehen und die Glasur antrocknen lassen. Die Lebkuchen mit dem gehackten Orangeat und Zitronat belegen und die Glasur vollständig trocknen lassen. Die Lebkuchen in eine Plätzchendose geben und bis zum Verzehr kühl aufbewahren.

Bentheimer Printen

ZUTATEN

Für den Knetteig:
250 g dunkler Sirup
65 g Farinzucker
1 EL Rum
5 g Pottasche
250 g Mehl (Type 550)
50 g fein gewürfeltes Orangeat
100 g gemahlene Mandeln
1 TL Zimt
je ¼ TL gemahlener Koriander, Anis, Nelken, Piment und Ingwer
100 g brauner Grümmelkandis

Außerdem:
3 EL Kondensmilch
100 g gehackte Mandeln
je 150 g Vollmilchglasur und weiße Schokoladenglasur
50 g Mandelblättchen

ZUBEREITUNG

1. Den Sirup mit dem Farinzucker bei mittlerer Hitze erwärmen, aber nicht kochen lassen. Die Pottasche in dem Rum auflösen.

2. Das gesiebte Mehl mit dem Orangeat, den Mandeln und den Gewürzen vermischen.

3. Die Sirup-Zucker-Masse in eine Rührschüssel geben. Zuerst die aufgelöste Pottasche unterrühren und anschließend die Mehlmischung vorsichtig portionsweise einrühren.

4. Den Teig auf einer bemehlten Arbeitsfläche gut durchkneten und zu einer Rolle formen. In Klarsichtfolie wickeln und bei Zimmertemperatur etwa 24 Stunden ruhen lassen.

5. Den Teig auf einer bemehlten Arbeitsfläche nochmals kräftig – etwa 10 Minuten – durchkneten, damit er geschmeidig wird und sich gut ausrollen lässt, dabei den Grümmelkandis einarbeiten.

6. Den Teig ½ cm dick ausrollen, Dreiecke ausradeln und diese mit etwa 2 cm Abstand auf ein mit Backpapier ausgelegtes Backblech setzen.

7. Die Printen mit Kondensmilch bestreichen, die Mandeln daraufstreuen und leicht andrücken.

8. Die Printen im auf 175 °C vorgeheizten Backofen etwa 15 Minuten gut durchbacken. Die fertig gebackenen Printen aus dem Ofen nehmen und auf einem Kuchengitter erkalten lassen.

9. Die Vollmilch- und die weiße Schokoladenglasur nach Packungsanweisung getrennt im Wasserbad schmelzen.

10. Die Oberseiten der Printen mit der Vollmilchglasur überziehen, mit der weißen Glasur feine Linien aufspritzen und einige Mandelblättchen auf die Glasur setzen. Die Bentheimer Printen vollständig abtrocknen lassen und bis zum Verzehr in einer Plätzchendose aufbewahren.

TIPP:

Als Zeste wird die dünn abgeschälte Schale von Zitrusfrüchten bezeichnet. Diese hauchdünnen Streifen der äußersten, farbigen Schicht sollten am besten von unbehandelten Bio-Früchten genommen werden, da bei herkömmlichen Früchten die Schalen meist stark mit Gift belastet sind. Vor dem Abschälen muss man die Früchte mit heißem Wasser waschen. Zesten werden vor allem für das Aromatisieren feiner Weihnachtsplätzchen verwendet. Zur Herstellung nimmt man meistens einen so genannten Zestenreißer oder Zesteur.

Pro Portionen:
Für ca. 40 Stück:

Schwierigkeit:
mittel

Zubereitungszeit:
30 Minuten

Marzipan-gebäck

Marzipanhörnchen

ZUTATEN

Für den Teig:
400 g Marzipanrohmasse, 2 Eier
60 g Puderzucker
2 Päckchen Vanillezucker
einige Tropfen Rumaroma
einige Tropfen Zitronenaroma
80 g Speisestärke, 150 g Mehl

Außerdem:
1 Packung Schokoladenglasur
gehackte Pistazien zum Bestreuen

Pro Portionen:
Für ca. 35 Stück:

Schwierigkeit:
leicht

Zubereitungszeit:
30 Minuten

ZUBEREITUNG

1. Die Marzipanrohmasse in feine Würfel schneiden. Mit den Eiern, dem Puderzucker und dem Vanillezucker in einer Schüssel zu einer glatten Masse verrühren.

2. Mit Rum- und Zitronenaroma verfeinern. Mehl und Speisestärke darübersieben und unterrühren.

3. Die Masse in einen Spritzbeutel mit mittlerer Lochtülle füllen und Hörnchen auf ein mit Backpapier ausgelegtes Backblech spritzen.

4. Die Hörnchen im auf 160–180 °C vorgeheizten Backofen 12–15 Minuten backen. Die Hörnchen aus dem Ofen nehmen, auf ein Kuchengitter setzen und erkalten lassen.

5. Die Marzipanhörnchen mit etwas Schokoladenspritzglasur überziehen, mit gehackten Pistazien bestreuen, trocknen lassen und bis zum Verzehr in einer Plätzchendose kühl aufbewahren.

Marzipanmonde

ZUTATEN

Für den Teig:
250 g Marzipanrohmasse
125 g Puderzucker, ½ Eiweiß
1 EL Zitronensaft
10 g Speisestärke, 25 g Zitronat
Puderzucker zum Ausrollen

Außerdem:
½ Eiweiß, 1–2 EL Puderzucker
200 g weiße Schokoladenglasur
50 g blaue Zuckerperlen

Pro Portionen:
Für ca. 35 Stück:

Schwierigkeit:
mittel

Zubereitungszeit:
30 Minuten

ZUBEREITUNG

1. Die Marzipanrohmasse mit dem Puderzucker, dem Eiweiß, dem Zitronensaft, der Speisestärke und dem sehr fein gewürfelten Zitronat auf eine Arbeitsfläche geben und alles zu einem glatten kompakten Teig verkneten.

2. Den Teig auf einer mit Puderzucker bestreuten Arbeitsfläche 1 cm dick ausrollen und Monde ausstechen. Die Monde auf ein mit Backpapier ausgelegtes Backblech setzen.

3. Das Eiweiß mit dem Puderzucker zu einem glatten Guss verrühren. Die Monde mit dem Guss bestreichen und im auf 160 °C vorgeheizten Backofen 15 Minuten backen. Die Monde aus dem Backofen nehmen und auf dem Blech vollständig auskühlen lassen. Die Schokoladenglasur schmelzen.

4. Die Monde mit der Glasur überziehen, mit den Zuckerperlen bestreuen und die Glasur vollständig abtrocknen lassen. Die Marzipanmonde bis zum Verzehr in einer Plätzchendose kühl und dunkel aufbewahren.

Kokoszungen

ZUTATEN

Für den Teig:
80 g Marzipanrohmasse
125 g weiche Butter
100 g Puderzucker
1 Ei
175 g Mehl

Außerdem:
100 g Kokosraspel

Pro Portionen:
Für ca. 40 Stück:

Schwierigkeit:
mittel

Zubereitungszeit:
30 Minuten

ZUBEREITUNG

1. Die Marzipanrohmasse fein hacken, mit der Butter und dem Puderzucker in eine Schüssel geben und mit den Schneebesen des Handrührgerätes so lange schaumig schlagen, bis sich die Marzipanrohmasse aufgelöst hat.

2. Das Ei kräftig darunterschlagen. Das Mehl auf die Teigmasse sieben und alles zu einem glatten Teig verrühren.

3. Den Teig in einen Spritzbeutel mit Lochtülle füllen und Zungen auf ein mit Backpapier ausgelegtes Backblech spritzen. Die Kokoszungen mit den Kokosraspeln bestreuen und in dem auf 180 °C vorgeheizten Backofen 8–10 Minuten backen.

4. Die fertig gebackenen Kokoszungen aus dem Backofen nehmen, auf ein Kuchengitter setzen und vollständig auskühlen lassen.

5. Die Kokoszungen bis zum Verzehr in einer Plätzchendose kühl und dunkel aufbewahren.

Grundrezept Marzipanteig:

1. 400 g Marzipanrohmasse in Würfel schneiden. Mit 2 Eiern, 60 g Puderzucker und 2 Päckchen Vanillezucker in einer Schüssel zu einer glatten Masse verrühren.

Pro Portionen:
Für ca. 30 Stück:

Schwierigkeit:
mittel

Zubereitungszeit:
30 Minuten

2. Mit einigen Tropfen Rumaroma und Zitronenaroma verfeinern. 150 g Mehl und 80 g Speisestärke darübersieben und unterrühren.

3. Die Masse in einen Spritzbeutel mit mittlerer Loch- oder Sterntülle füllen und Hörnchen, Sterne, Stangen oder andere Ornamente auf ein mit Backpapier ausgelegtes Backblech spritzen.

4. Die Plätzchen in dem auf 160–180 °C vorgeheizten Backofen etwa 12–15 Minuten backen.

5. Die Plätzchen aus dem Backofen nehmen, leicht abkühlen lassen, auf ein Kuchengitter setzen und vollständig erkalten lassen.

6. Die Marzipanplätzchen mit heller oder dunkler Schokoladenglasur oder Zuckerglasur überziehen, mit gehackten Nüssen, kandierten Früchten oder Kakao bestreuen, trocknen lassen und bis zum Verzehr in einer Plätzchendose kühl aufbewahren.

Zuckerbäumchen

ZUTATEN

Für den Teig:
200 g gemahlene Mandeln
350 g Zucker
1 TL Zimtpulver
1 TL Lebkuchengewürz
1 Päckchen Vanillezucker
1 Päckchen Zitronenaroma
120 g Marzipanrohmasse
3 Eiweiß
gemahlene Mandeln zum Ausrollen

Außerdem:
1 Becher weiße Schokoladenglasur
½ Becher Schokoladenspritzglasur
Silberperlen zum Garnieren

ZUBEREITUNG

1. Die gemahlenen Mandeln mit dem Zucker, dem Zimtpulver, dem Lebkuchengewürz, dem Vanillezucker und dem Zitronenaroma auf einer Arbeitsfläche vermischen und eine Mulde eindrücken.

2. Die Marzipanrohmasse in feine Würfel schneiden, mit den Eiweißen in die Mulde geben und die Teigzutaten mit bemehlten Händen von außen nach innen schnell zu einer glatten, kompakten Masse verarbeiten.

3. Den Teig auf einer mit gemahlenen Mandeln ausgestreuten Arbeitsfläche etwa 5 mm dicke ausrollen.

4. Mit einem Tannenbaum-Ausstecher Tannenbäume ausstechen. Damit der Teig nicht an der Ausstechform kleben bleibt, sollten Sie die Ausstechform, vor jedem Ausstechen, in kaltes Wasser eintauchen.

5. Die Tannenbäume auf ein mit Backpapier ausgelegtes Backblech setzen, mit einem Zahnstocher ein Tannenmuster in den Teig ziehen und die Tannenbäume in dem auf 160–170 °C vorgeheizten Backofen 15 Minuten backen.

6. Die Schokoladenglasur nach Packungsanweisung schmelzen und bereitstellen.

7. Die fertig gebackenen Tannenbäume aus dem Backofen nehmen, auf ein Kuchengitter setzen und vollständig auskühlen lassen.

8. Die Tannenbäume mit der weißen Schokoladenglasur überziehen und mit der Schokoladenspritzglasur verzieren. Die Silberperlen dekorativ auf die weiße Schokoladenglasur setzen.

9. Die Glasur vollständig abtrocknen lassen, die Tannenbäume nach Geschmack mit Puderzucker bestäuben und in einer Plätzchendose bis zum Verzehr kühl aufbewahren.

TIPP:

Beim Lebkuchengewürz handelt es sich streng genommen um eine fertige Mischung für alle Sorten Lebkuchen, die man in jedem Supermarkt bei den Gewürzen findet. Für eine selbst zubereitete Mischung braucht man 30 g Zimt, 9 g gemahlene Nelken, 1 g Muskatnuss, 1 g Kardamom, 2 g getrockneten und geriebenen Ingwer, 2 g Koriander und 2 g Piment. Mit der Zugabe von einem Esslöffel Kakao lassen sich die Lebkuchen beim Zubereiten etwas dunkler färben.

Pro Portionen:
Für ca. 40 Stück:

Schwierigkeit:
mittel

Zubereitungszeit:
30 Minuten

Spaghettitaler

ZUTATEN

Für den Teig:
150 g Mehl, 100 g Zucker
1 Eigelb, 100 g Butter, 1 Prise Salz
Mehl zum Ausrollen

Außerdem:
350 g Marzipanrohmasse
50 g Puderzucker
250 g Johannisbeergelee
4 cl Rum
50 g Kokosflocken

Pro Portionen:
Für ca. 35 Stück:

Schwierigkeit:
mittel

Zubereitungszeit:
30 Minuten

ZUBEREITUNG

1. Das Mehl mit dem Zucker, dem Eigelb, der Butter und dem Salz in eine Schüssel geben und mit dem Knethaken durchkneten. Die Masse auf einer bemehlten Arbeitsfläche zu einem glatten Teig verkneten. Den Teig 1 cm dick ausrollen und Plätzchen ausstechen.

2. Die Plätzchen auf ein mit Backpapier ausgelegtes Backblech setzen und im auf 170–180 °C vorgeheizten Backofen 10–12 Minuten backen. Die Plätzchen aus dem Backofen nehmen, auf ein Kuchengitter setzen und erkalten lassen.

3. Die Marzipanrohmasse mit dem Puderzucker auf einer Arbeitsfläche anwirken. Portionsweise in eine Knoblauchpresse füllen und Spaghetti auf die Plätzchen drücken.

4. Das Johannisbeergelee mit dem Rum in einem Topf leicht erwärmen und glatt rühren. Das Gelee auf die Marzipanspagetti geben. Mit Kokosflocken bestreuen, trocknen lassen und bis zum Verzehr kühl und dunkel aufbewahren.

Marzipan-Rumtörtchen

ZUTATEN

Für den Teig:
300 g Mehl, ½ Päckchen Backpulver
100 g Zucker, 1 Päckchen Vanillezucker, 1 Ei, 150 g Butter

Für den Marzipandeckel:
200 g Marzipanrohmasse
50 g Puderzucker

Außerdem:
200 g Puderzucker
1 EL heißes Wasser, 1 EL Rum
Zuckerperlen zum Garnieren

Pro Portionen:
Für ca. 35 Stück:

Schwierigkeit:
mittel

Zubereitungszeit:
30 Minuten

ZUBEREITUNG

1. Aus den Teigzutaten einen glatten Mürbeteig kneten. Den Teig in Klarsichtfolie wickeln und im Kühlschrank eine Stunde ruhen lassen.

2. Anschließend den Teig auf einer bemehlten Arbeitsfläche ausrollen und 3–4 cm große runde Plätzchen ausstechen. Die Plätzchen auf ein mit Backpapier ausgelegtes Backblech legen und im auf 180 °C vorgeheizten Backofen 8–10 Minuten backen.

3. Die Plätzchen aus dem Backofen nehmen und auf einem Kuchengitter erkalten lassen. Die Marzipanrohmasse mit dem Puderzucker verkneten, ausrollen und Plätzchen in der gleichen Größe und Anzahl ausstechen. Jedes Plätzchen mit einer Marzipanscheibe belegen.

4. Puderzucker mit heißem Wasser und Rum glatt rühren und die Plätzchen damit überziehen. Die Plätzchen in die Zuckerperlen tauchen und trocknen lassen. Die Marzipan-Rumtörtchen in einer Plätzchendose kühl aufbewahren.

Marzipanplätzchen

ZUTATEN

Für den Mürbeteig:
300 g Mehl
1 Messerspitze Backpulver
1 Ei
150 g Zucker
50 g Marzipanrohmasse
1 TL Vanillearoma
½ TL Anispulver
180 g Butter

Außerdem:
50 ml Milch
100 g gehackte Mandeln
150 g Vollmilchglasur

ZUBEREITUNG

1. Das Mehl mit dem Backpulver vermischen, auf eine Arbeitsfläche sieben und eine Mulde eindrücken. Das Ei in die Mulde geben.

2. Den Zucker, die fein gehackte Marzipanrohmasse, das Vanillearoma und das Anispulverdarüberstreuen und die Butter in Flöckchen daraufsetzen.

3. Die Zutaten mit bemehlten Händen von außen nach innen schnell zu einem glatten, kompakten Teig verkneten. Den Teig in Klarsichtfolie wickeln und im Kühlschrank mindestens eine Stunde ruhen lassen.

4. Den Teig aus dem Kühlschrank nehmen – die Klarsichtfolie entfernen – und auf einer bemehlten Arbeitsfläche ½ cm dick ausrollen. Mit einem Plätzchenausstecher Rechtecke ausstechen.

5. Die Plätzchen auf ein mit Backpapier ausgelegtes Backblech setzen, mit der Milch bestreichen, mit den gehackten Mandeln bestreuen und die Plätzchen in dem auf 180 °C vorgeheizten Backofen 10 Minuten backen.

6. Die fertig gebackenen Plätzchen aus dem Backofen nehmen, auf ein Kuchengitter setzen und vollständig auskühlen lassen.

7. Die Vollmilchglasur nach Packungsanweisung in einem Töpfchen schmelzen und die Plätzchen mit der Unterseite in die Glasur tauchen.

8. Die Plätzchen auf ein Kuchengitter setzen, mit der restlichen Glasur beträufeln, mit den restlichen gehackten Mandeln bestreuen und die Glasur vollständig abtrocknen lassen.

9. Die Marzipanplätzchen bis zum Verzehr in einer Plätzchendose kühl und dunkel aufbewahren.

TIPP:

Das Gewürz Anis gehört zu Weihnachten einfach dazu. Mit ihrem süßaromatischen bis würzig-herben Geschmack verfeinern die getrockneten und gemahlenen Samenkörner dieser Heilpflanze so klassische Plätzchensorten wie Lebkuchen, Pfeffernüsse und Anisplätzchen. Aufgrund des starken Aromas sollte das Gewürz immer sparsam dosiert werden.

Pro Portionen:
Für ca. 40 Stück:

Schwierigkeit:
mittel

Zubereitungszeit:
30 Minuten

Vanillezungen

ZUTATEN

Für den Teig:
150 g weiche Butter
20 g Marzipanrohmasse
60 g Puderzucker, 1 Eigelb
225 g Mehl
2 Päckchen Vanillezucker

Außerdem:
1 Packung Vollmilchglasur (Fertigprodukt)
Belegkirschen zum Verzieren

Pro Portionen:
Für ca. 25 Stück:

Schwierigkeit:
mittel

Zubereitungszeit:
30 Minuten

ZUBEREITUNG

1. Die weiche Butter mit dem in Würfel geschnittenen Marzipan und dem gesiebten Puderzucker in eine Schüssel geben und weißschaumig schlagen. Das Eigelb dazugeben und vorsichtig darunterschlagen. Das gesiebte Mehl mit dem Vanillezucker vermischen und unter die Buttermasse rühren.

2. Den Teig in einen Spritzbeutel mit Sterntülle füllen. Ein Backblech mit Backpapier auslegen und Zungen aufspritzen. Die Plätzchen in dem auf 180 °C vorgeheizten Backofen 10–12 Minuten backen.

3. Die fertig gebackenen Vanillezungen aus dem Backofen nehmen, auf ein Kuchengitter setzen und vollständig erkalten lassen.

4. Die Vollmilchglasur nach Packungsanweisung zubereiten und die Zungen am dickeren Ende eintauchen. Mit je einer halbierten Belegkirsche verzieren und die Vollmilchglasur vollständig abtrocknen lassen.

5. Die Vanillezungen bis zum Verzehr in einer Plätzchendose kühl und dunkel aufbewahren.

Schokokringel

ZUTATEN

Für den Teig:
150 g weiche Butter
20 g Marzipanrohmasse
60 g Puderzucker
1 Eigelb, 225 g Mehl
1 Päckchen Vanillezucker
1 Päckchen Zitronenaroma
2 TL Kakaopulver

Außerdem:
Puderzucker zum Bestäuben

Pro Portionen:
Für ca. 20 Stück:

Schwierigkeit:
mittel

Zubereitungszeit:
30 Minuten

ZUBEREITUNG

1. Die weiche Butter mit dem in Würfel geschnittenen Marzipan und dem gesiebten Puderzucker in eine Schüssel geben und mit den Schneebesen des Handrührgerätes weiß-schaumig schlagen.

2. Das Eigelb dazugeben und kräftig unterrühren. Das gesiebte Mehl hinzufügen und unterrühren. Den Teig mit dem Vanillezucker, dem Zitronenaroma und dem gesiebten Kakaopulver vermischen und in einen Spritzbeutel mit Sterntülle füllen.

3. Ein Backblech mit Backpapier auslegen und Schokoladenkringel oder andere Formen aufspritzen. Die Schokoladenkringel in dem auf 180 °C vorgeheizten Backofen 10–12 Minuten backen.

4. Die fertig gebackenen Schokoladenkringel aus dem Ofen nehmen und auf dem Backblech vollständig auskühlen lassen. Die Schokoladenkringel bis zum Verzehr in einer Plätzchendose aufbewahren.

Marzipanmakronen

ZUTATEN

Für die Makronenmasse:
250 g Marzipanrohmasse
125 g Puderzucker, 1 Eiweiß
1 Msp. Kardamom

Außerdem:
100 g Walnusskerne und
50 g weiße Schokoladenglasur
zum Garnieren
50 g Puderzucker zum Bestäuben

Pro Portionen:
Für ca. 25 Stück:

Schwierigkeit:
mittel

Zubereitungszeit:
30 Minuten

ZUBEREITUNG

1. Die Marzipanrohmasse auf einer Arbeitsfläche würfeln und dann in eine Schüssel geben. Das Marzipan mit dem gesiebten Puderzucker, dem Eiweiß und dem Kardamom zu einem glatten Teig verkneten. Sollte der Teig zu fest sein, noch etwas Eiweiß hinzufügen und unterarbeiten.

2. Den Teig in einen Spritzbeutel mit großer Lochtülle füllen und Blüten auf ein mit Backpapier ausgelegtes Backblech spritzen. Die Marzipanmakronen in dem auf 180 °C vorgeheizten Backofen 10 Minuten backen. Gegen Ende der Backzeit kontrollieren, ob die Makronen nicht zu dunkel werden, sonst mit Alufolie abdecken.

3. Die fertig gebackenen Makronen aus dem Ofen nehmen und auf dem Backblech leicht erkalten lassen. Die weiße Schokoladenglasur nach Packungsanweisung schmelzen, die Walnusshälften leicht eintauchen und auf die Makronen kleben.

4. Die Glasur fest werden lassen, die Marzipanmakronen mit Puderzucker bestäuben, auf ein Kuchengitter legen und vollständig erkalten lassen. Die Marzipanmakronen bis zum Verzehr in einer Plätzchendose aufbewahren.

Marzipan-Mandel-S

ZUTATEN

Für die Marzipanmasse:
200 g Marzipanrohmasse
2 Eiweiß
100 g Zucker
1 Päckchen Vanillezucker
1 Päckchen Orangenaroma
50 g Mehl

Außerdem:
1 Päckchen Schokoladenglasur

Pro Portionen:
Für ca. 20 Stück:

Schwierigkeit:
mittel

Zubereitungszeit:
30 Minuten

ZUBEREITUNG

1. Die Marzipanrohmasse in Würfel schneiden, in eine Schüssel geben und mit den Eiweißen zu einer geschmeidigen Masse verschlagen.

2. Den Zucker, den Vanillezucker und das Orangenaroma unterrühren, das Mehl darübersieben und kräftig unterarbeiten. Die Masse in einen Spritzbeutel mit Lochtülle füllen und mittelgroße S-Formen auf ein mit Backpapier ausgelegtes Backblech spritzen.

3. Die Plätzchen in den auf 180–200 °C vorgeheizten Backofen schieben und etwa 12–15 Minuten backen. Die fertig gebackenen Plätzchen aus dem Backofen nehmen, leicht auskühlen lassen, auf ein Kuchengitter setzen und vollständig erkalten lassen.

4. Die Schokoladenglasur nach Packungsanweisung schmelzen lassen und die Marzipan-Mandel-S mit der Schokoladenglasur überziehen, vollständig abtrocknen lassen und bis zum Verzehr in einer Plätzchendose kühl aufbewahren.

Marzipanbusserl

ZUTATEN

Für den Teig:
200 g Butter
1 Päckchen Vanillezucker, 1 Prise Salz
125 g Marzipanrohmasse, 1 Ei
1 Päckchen Zitronenaroma
1–2 Tropfen Bittermandelaroma
200 g Mehl, 100 g Speisestärke
1 TL Backpulver, 50–60 ml Milch

Außerdem:
1 Glas Himbeermarmelade
Puderzucker zum Bestäuben

Pro Portionen:
Für ca. 35 Stück:

Schwierigkeit:
mittel

Zubereitungszeit:
30 Minuten

ZUBEREITUNG

1. Die Butter mit dem Vanillezucker und dem Salz etwa drei Minuten schaumig schlagen.

2. Die Marzipanrohmasse in kleine Würfel schneiden und mit dem Ei, dem Zitronenaroma und dem Bittermandelaroma hinzufügen und kräftig in die Buttercreme einrühren. Das Mehl mit der Speisestärke und dem Backpulver vermischen, sieben und abwechselnd mit der Milch unter die Creme rühren.

3. Den Teig zugedeckt eine Stunde im Kühlschrank ruhen lassen. Anschließend in einen Spritzbeutel mit Sterntülle füllen und einen in der Mitte geschlossenen Kreis auf ein mit Backpapier ausgelegtes Backblech spritzen.

4. Das Marzipanspritzgebäck mit der Himbeermarmelade füllen und in dem auf 180–200 °C vorgeheizten Backofen 10–12 Minuten backen. Die Marzipanbusserl aus dem Backofen nehmen, vollständig erkalten lassen, mit Puderzucker bestäuben und bis zum Verzehr in einer Plätzchendose aufbewahren.

Pfaffenhütchen

ZUTATEN

Für den Mürbeteig:
100 g Mehl, 1 Eigelb
60 g Butter, 60 g Zucker
1 Päckchen Vanillezucker

Außerdem:
200 g Marzipanrohmasse
25 g Puderzucker, 1 Eiweiß
100 g Puderzucker
Zitronensaft nach Bedarf
gehackte Pistazien zum Bestreuen

Pro Portionen:
Für ca. 20 Stück:

Schwierigkeit:
mittel

Zubereitungszeit:
30 Minuten

ZUBEREITUNG

1. Die Zutaten zu einem glatten, kompakten Mürbeteig verkneten und im Kühlschrank mindestens eine Stunde ruhen lassen. Den Teig auf eine bemehlte Arbeitsfläche geben, ausrollen und gezackte Plätzchen ausstechen.

2. Die Marzipanrohmasse mit dem gesiebten Puderzucker verkneten und kleine Kugeln abdrehen. Die Plätzchen mit Eiweiß bestreichen und je eine Marzipankugel darauflegen.

3. Den Teig dreispitzartig an die Marzipankugeln drücken und die Pfaffenhütchen in dem auf 170 °C vorgeheizten Backofen etwa 12–15 Minuten backen.

4. Die Pfaffenhütchen aus dem Ofen nehmen und auf einem Kuchengitter erkalten lassen. Den gesiebten Puderzucker mit Zitronensaft zu einem dickflüssigen Guss verrühren und die Pfaffenhütchen damit bestreichen. Mit gehackten Pistazien bestreuen und den Guss vollständig trocknen lassen. Die Pfaffenhütchen bis zum Verzehr kühl aufbewahren.

Gefüllte Plätzchen

Johannissterne

ZUTATEN

Für den Mürbeteig:
250 g Mehl
2 gestrichene TL Backpulver
100 g Zucker
1 Päckchen Vanillezucker
1 Ei, 125 g Butter

Außerdem:
1 Glas Johannisbeergelee
Puderzucker zum Bestäuben

Pro Portionen:
Für ca. 40 Stück:

Schwierigkeit:
mittel

Zubereitungszeit:
30 Minuten

ZUBEREITUNG

1. Aus den Teigzutaten einen glatten, kompakten Teig kneten. Den Mürbeteig in Klarsichtfolie wickeln und im Kühlschrank mindestens eine Stunde ruhen lassen. Den Teig in ein sauberes, feuchtes Küchentuch wickeln und im Kühlschrank mindestens eine Stunde ruhen lassen.

2. Den Teig auf einer bemehlten Arbeitsfläche ½–1 cm dick ausrollen und Sterne oder runde Plätzchen ausstechen. Aus der Hälfte der Plätzchen in der Mitte einen kleinen Stern oder ein Loch ausstechen.

3. Die Plätzchen auf ein mit Backpapier ausgelegtes Backblech setzen und im auf 180–200 °C vorgeheizten Backofen ca. 10–12 Minuten backen. Die fertig gebackenen Plätzchen aus dem Backofen nehmen und auf einem Kuchengitter vollständig erkalten lassen.

4. Die Plätzchen ohne Loch mit dem Johannisbeergelee bestreichen und die restlichen Plätzchen mit Loch daraufsetzen. In die Mitte der Plätzchen nochmals je einen Klecks Johannisbeergelee füllen. Die Johannissterne mit Puderzucker bestäuben, vollständig abtrocknen lassen und bis zum Verzehr in einer Plätzchendose kühl aufbewahren.

Aprikosenglocken

ZUTATEN

Für den Mürbeteig:
225 g Butter, 125 g Zucker
1 Ei, 1–2 EL Honig
400 g Mehl
1 Päckchen Vanillezucker

Außerdem:
1 Glas Aprikosenmarmelade
Saft von 1 Zitrone
150–200 g Puderzucker
Zuckerperlen zum Bestreuen

Pro Portionen:
Für ca. 25 Stück:

Schwierigkeit:
mittel

Zubereitungszeit:
30 Minuten

ZUBEREITUNG

1. Aus den Teigzutaten einen Mürbeteig herstellen. Den Teig in Klarsichtfolie wickeln und im Kühlschrank mindestens eine Stunde ruhen lassen. Den Mürbeteig nochmals durchkneten, auf einer bemehlten Arbeitsfläche ½ cm dick ausrollen und Glocken ausstechen. Aus der Hälfte der Glocken in der Mitte kleinere Glocken ausstechen.

2. Die Glocken auf ein mit Backpapier ausgelegtes Backblech legen und im auf 170 °C vorgeheizten Backofen 10–12 Minuten backen.

3. Die fertigen Glocken aus dem Backofen nehmen und abkühlen lassen. Die Glocken ohne Öffnung mit der erhitzten und durch ein Sieb gestrichenen Aprikosenmarmelade bestreichen. Die Glocken mit Öffnung darauflegen und die Glocken zusammensetzen.

4. Den Zitronensaft und den Puderzucker in eine Schüssel geben und solange rühren, bis ein zäher Guss entstanden ist. Den Guss auf die Glocken streichen und diese mit den Zuckerperlen bestreuen. Die Aprikosenglocken in eine Plätzchendose geben und bis zum Verzehr kühl und dunkel aufbewahren.

Honig-Nuss-Täschchen

ZUTATEN

Für den Mürbeteig:
300 g Mehl, 225 g Zucker
1 Päckchen Vanillezucker, 1 Ei
200 g Butter oder Margarine

Außerdem:
50 g ungesalzene Erdnusskerne
50 g Haselnusskerne
50 ml süße Sahne, 50 g Honig
1 Eiweiß, 1 Eigelb, 2 EL Sahne
Schokoladenspritzglasur
zum Garnieren

Pro Portionen:
Für ca. 40 Stück:

Schwierigkeit:
mittel

Zubereitungszeit:
30 Minuten

ZUBEREITUNG

1. Die Teigzutaten zu einem glatten, kompakten Mürbeteig verkneten und diesen im Kühlschrank mindestens eine Stunde ruhen lassen.

2. Für die Füllung die Erdnuss- und Haselnusskerne fein hacken, mit der Sahne und dem Honig in einen Topf geben und unter ständigem Rühren kurz erhitzen. Vom Herd nehmen und bereitstellen.

3. Den Teig auf einer bemehlten Arbeitsfläche ½ cm dick ausrollen und Kreise ausstechen. Die Nussmasse auf den Kreisen verteilen. Das Eiweiß in einer Schüssel verschlagen und die Teigränder damit bestreichen.

4. Die Plätzchen von zwei Seiten her zusammenklappen und die Ränder gut festdrücken. Die Plätzchen auf ein mit Backpapier ausgelegtes Backblech setzen. Eigelb mit Sahne verrühren und die Plätzchen damit bestreichen. Im auf 180–200 °C vorgeheizten Backofen 10–12 Minuten backen.

5. Die fertig gebackenen Nusstäschchen aus dem Ofen nehmen, vollständig erkalten lassen und mit Schokospritzglasur überziehen. Die Glasur trocknen lassen und die Honig-Nuss-Täschchen bis zum Verzehr in einer Plätzchendose kühl aufbewahren.

Plätzchen richtig füllen:

1. 1 Glas Aprikosenmarmelade in einen Topf geben und unter ständigem Rühren zum Kochen bringen. 4 cl Aprikosenlikör einrühren und weitere 2–3 Minuten unter ständigem Rühren köcheln lassen. Dann die kochende Marmelade durch ein Sieb streichen und leicht erkalten lassen.

2. Die Plätzchen mit Loch auf die Plätzchen ohne Loch setzen.

3. 2 Päckchen Vanillezucker mit 100 g Puderzucker vermischen, in ein Sieb geben und die Plätzchen damit bestäuben. Jetzt die Plätzchen mit der Marmelade füllen.

Pro Portionen:
Für ca. 30 Stück:

Schwierigkeit:
mittel

Zubereitungszeit:
30 Minuten

Walnussstangen

ZUTATEN

Für den Mürbeteig:
325 g Mehl, 125 g Zucker
1 Ei, 2 Eigelb, abgeriebene Schale von ½ Zitrone, 225 g Butter

Für die Füllung:
60 g Marzipanrohmasse
100 g gemahlene Walnüsse
1 Eigelb, 1 TL Rum

Außerdem:
1 Eigelb, 75 g gehackte Walnüsse

TIPP:

Wenn in den Rezepten Mehl angegeben ist, so ist immer Weizenmehl der Type 405 gemeint. Diese Typenbezeichnung gibt den jeweiligen Mineralstoffgehalt des Mehles an. Da sich die Mineralstoffe unter der Schale des Getreidekorns befinden, ist der Gehalt beim Mehl mit der höchsten Typenbezeichnung auch am höchsten. Beim Backen ist nicht der hohe Mineralstoffgehalt wichtig, sondern der so genannte Kleber, das Mehleiweiß. Der Kleber gerinnt bei Temperaturen von 60–70 °C und bildet dann das Gerüst des Backwerks. Weizenmehl besitzt einen hohen Anteil dieses Klebers und somit auch hervorragende Backeigenschaften. Die beste Qualität hat das Mehl vier Wochen nach dem Ausmahlen.

Pro Portionen:
Für ca. 24 Stück:

Schwierigkeit:
mittel

Zubereitungszeit:
30 Minuten

ZUBEREITUNG

1. Das gesiebte Mehl mit dem Zucker auf eine Arbeitsfläche geben, eine Mulde in die Mitte drücken und das Ei und die Eigelbe vorsichtig hineingleiten lassen.

2. Die abgeriebene Zitronenschale darüberstreuen und die Butter in Flöckchen an den Rand setzen.

3. Die Zutaten mit bemehlten Händen zu einem glatten, kompakten Teig verkneten. Den Mürbeteig in Frischhaltefolie wickeln und im Kühlschrank mindestens eine Stunde ruhen lassen.

4. Anschließend den Mürbeteig aus der Folie nehmen und kurz durchkneten. Auf einer bemehlten Arbeitsfläche ausrollen und in 24 Quadrate (8 x 8 cm) schneiden.

5. Die Marzipanrohmasse mit den gemahlenen Walnüssen, dem Eigelb und dem Rum vermischen, je einen Klecks in die Mitte der Teigquadrate setzen.

6. Die Masse auf den Teigquadraten verteilen und diese von einer Seite her zusammenrollen.

7. Die Walnussstangen auf ein mit Backpapier ausgelegtes Backblech setzen, mit verquirltem Eigelb bestreichen und mit gehackten Walnüssen bestreuen.

8. Die Walnussstangen in dem auf 180–200 °C vorgeheizten Backofen etwa 15 Minuten backen. Die fertig gebackenen Walnussstangen aus dem Backofen nehmen und auf einem Kuchengitter vollständig erkalten lassen.

9. Die Walnussstangen in eine Plätzchendose geben, verschließen und bis zum Verzehr kühl und dunkel aufbewahren.

Himbeerherzen

ZUTATEN

Für den Mürbeteig:
400 g Mehl
1 Päckchen Vanillepuddingpulver
1 Päckchen Backpulver, 2 Eier
150 g Zucker, 1 Prise Salz
einige Tropfen Rumaroma
150 g Butter

Außerdem:
150 g Himbeermarmelade
100 g Puderzucker
1–2 EL Himbeer- oder Zitronensaft
einige Tropfen Rumaroma
300 g Marzipanrohmasse
einige Tropfen rote Lebensmittelfarbe
100 g Puderzucker

TIPP:

Backpulver ist ein künstliches Triebmittel aus Weinstein, Natron und Stärke als Trennmittel. Kommt Backpulver mit Flüssigkeit in Berührung, können Weinstein und Natron miteinander reagieren, es entsteht Kohlendioxid als Treibgas. Deshalb ist es unbedingt erforderlich, Backpulver trocken zu lagern. Ein Päckchen Backpulver reicht für 500 g Mehl. Es wird immer mit dem Mehl vermischt und kommt so zu den restlichen Zutaten.

Pro Portionen:
Für ca. 50 Stück:

Schwierigkeit:
mittel

Zubereitungszeit:
30 Minuten

ZUBEREITUNG

1. Das Mehl mit dem Puddingpulver und dem Backpulver vermischen, auf eine Arbeitsfläche sieben, eine Mulde eindrücken und die Eier in die Mulde geben.

2. Den Zucker und das Salz darüberstreuen und einige Tropfen Rumaroma daraufträufeln.

3. Die Butter in Flöckchen daraufsetzen und das Ganze mit bemehlten Händen von außen nach innen schnell zu einem glatten, kompakten Teig verkneten.

4. Den Mürbeteig in Klarsichtfolie wickeln und im Kühlschrank mindestens eine Stunde ruhen lassen.

5. Anschließend den Teig aus dem Kühlschrank nehmen und auf einer bemehlten Arbeitsfläche ½ cm dick ausrollen.

6. Aus dem Teig etwa 50 größere und 50 kleinere Herzen ausstechen. Diese auf ein mit Backpapier belegtes Backblech setzen und in dem auf 180 °C vorgeheizten Backofen 10 Minuten backen.

7. Die fertig gebackenen Herzen aus dem Backofen nehmen, auf ein Kuchengitter setzen und vollständig auskühlen lassen.

8. Die Himbeermarmelade in einen Topf geben und unter ständigem Rühren aufkochen lassen. Die größeren Herzen mit der Marmelade bestreichen und die kleineren Herzen daraufsetzen.

9. Den gesiebten Puderzucker mit dem Himbeer- oder Zitronensaft und einigen Tropfen Rumaroma zu einer zähflüssigen Glasur verrühren und die kleinen Herzen damit bestreichen.

10. Die gewürfelte Marzipanrohmasse mit einigen Tropfen Lebensmittelfarbe und dem gesiebten Puderzucker verkneten, dünn ausrollen und kleine Herzen ausstechen.

11. Die Marzipanherzen auf die Glassur legen, die Himbeerherzen vollständig abtrocknen lassen und bis zum Verzehr in einer Plätzchendose kühl aufbewahren.

Orangenkringel mit Marzipanhaube

ZUTATEN

Für den Mürbeteig:
250 g Mehl
100 g geschälte, gemahlene Mandeln
150 g Zucker
1 Päckchen Orangenzucker
1 Prise Salz, 1 Ei
2 EL Orangensaft
150 g weiche Butter

Außerdem:
400 g Marzipanrohmasse
1 EL Puderzucker
2 EL Blutorangenlikör
100 g Orangenkonfitüre
1 Becher dunkle Schokoladenglasur
Orangeat zum Bestreuen

TIPP:

Hühnereier sind in verschiedenen Gewichtsklassen (das heißt in verschiedenen Größen) erhältlich. Zum Backen nimmt man die mittlere Größe. Vor dem Backen müssen die Eier auf ihre Frische hin überprüft werden: Schlagen Sie die Eier einzeln auf einen flachen Teller. Zieht sich ein fester Eiweißring um das Eigelb, ist das Ei frisch. Je dünner dieser Ring wird, desto älter ist das Ei. Besteht das Eiweiß nur noch aus einer dünnen Flüssigkeit, sollten Sie das Ei nicht mehr zum Backen verwenden.

Pro Portionen:
Für ca. 40 Stück:

Schwierigkeit:
mittel

Zubereitungszeit:
30 Minuten

ZUBEREITUNG

1. Das gesiebte Mehl mit den Mandeln, dem Zucker, dem Orangenzucker und dem Salz auf einer Arbeitsfläche vermischen und eine Mulde eindrücken. Das Ei und den Orangensaft in die Mulde geben und die weiche Butter auf den Rand setzen.

2. Die Zutaten mit bemehlten Händen von außen nach innen schnell zu einem glatten, kompakten Teig verkneten.

3. Den Teig in Frischhaltefolie wickeln und im Kühlschrank ein bis zwei Stunden ruhen lassen. Anschließend kurz durchkneten und auf einer bemehlten Arbeitsfläche 3–5 mm dick ausrollen.

4. Aus dem Teig gleich viele 3–4 cm große Kreise und 2–3 cm große Kreise ausstechen und diese auf ein mit Backpapier ausgelegtes Backblech setzen.

5. Die Kreise im auf 180 °C vorgeheizten Backofen 5–7 Minuten backen. Die fertig gebackenen Kreise aus dem Backofen nehmen und auf einem Kuchengitter erkalten lassen.

6. Die Marzipanrohmasse mit dem Puderzucker auf einer Arbeitsfläche verkneten, zwischen zwei Lagen Frischhaltefolie ½ cm dick ausrollen und so viele Marzipankreisen (3 cm Durchmesser) ausstechen wie große Plätzchen vorhanden sind.

7. Die Orangenkonfitüre mit dem Blutorangenlikör in einem Topf unter ständigem Rühren erhitzen und durch ein Sieb streichen.

8. Die Marzipankreise mit etwas Konfitüre bestreichen und auf die großen Plätzchen kleben. Die restliche Konfitüre auf den Marzipankreisen verteilen.

9. Die Schokoladenglasur nach Packungsanweisung schmelzen und die kleinen Plätzchen damit überziehen. Die Schokoplätzchen auf die Orangenkonfitüre setzen.

10. Die Orangenkringel mit klein gehacktem Orangeat bestreuen und die Schokoladenglasur vollständig trocknen lassen. Die Orangenkringel in eine Plätzchendose geben und bis zum Verzehr kühl und dunkel aufbewahren.

Tarteletts

ZUTATEN

Für den Mürbeteig:
200 g Mehl
1 Eigelb
125 g Butter
75 g Zucker
50 g Schokoladenraspel
1 Päckchen Vanillezucker
1 EL Cappuccinopulver

Zum Füllen:
1 Glas Johannisbeergelee

Für die Vanillecreme:
250 ml Milch
2–3 EL Zucker
½ Päckchen Vanillepuddingpulver
125 g Butter
2 Päckchen Vanillezucker

ZUBEREITUNG

1. Das Mehl auf eine Arbeitsfläche sieben und eine Mulde eindrücken. Das Eigelb in die Mulde geben und die weiche Butter als Flöckchen auf den Rand setzen.

2. Den Zucker mit den Schokoladenraspeln, dem Vanillezucker und dem Cappuccinopulver vermischen und auf das Mehl streuen.

3. Die Teigzutaten mit bemehlten Händen von außen nach innen schnell zu einem glatten, kompakten Teig verkneten. Den Teig in Folie wickeln und im Kühlschrank eine Stunde ruhen lassen.

4. Den Teig auf einer bemehlten Arbeitsfläche ½ cm dick ausrollen und 4–5 cm große Kreise ausstechen. Die Kreise in Backförmchen geben, einen kleinen Rand hochziehen und die Plätzchen in dem auf 180 °C vorgeheizten Backofen 12 Minuten backen.

5. Die Plätzchen aus dem Backofen nehmen, auf ein Kuchengitter setzen und erkalten lassen. Das Johannisbeergelee erwärmen, glatt rühren und die Plätzchen damit gleichmäßig füllen.

6. Vor dem Servieren einen Vanillepudding zubereiten und erkalten lassen. Die Butter mit dem Vanillezucker schaumig schlagen und den kalten Pudding esslöffelweise nach und nach unterrühren und cremig aufschlagen.

7. Die Creme in einen Spritzbeutel mit Sterntülle füllen, auf die Plätzchen dressieren und im Kühlschrank 15 Minuten auskühlen lassen. Die Tarteletts dekorativ anrichten und sofort servieren.

TIPP:

Milch gibt es in den Stufen Vollmilch (3,5 % Fett) teilentrahmt (1,5 % Fett) und entrahmt (0,03 % Fett). Beim Backen ist es egal, welche Stufe Sie verwenden, beim Puddingkochen allerdings hat Vollmilch den Vorteil, dass sie nicht so leicht anhängt wie fettärmere Sorten. Teige und Cremes müssen stets mit frischer Milch zubereitet werden, sonst gerinnen sie und der Geschmack wird beeinträchtigt.

Pro Portionen:
Für ca. 40 Stück:

Schwierigkeit:
mittel

Zubereitungszeit:
30 Minuten

Kulleraugen

ZUTATEN

Für den Mürbeteig:
450 g Mehl, 1 Ei, 1 Eigelb
300 g Butter, 275 g Zucker
1 Päckchen Orangenaroma

Außerdem:
150 g Johannisbeermarmelade
150 g Aprikosenmarmelade
Puderzucker zum Bestäuben

Pro Portionen:
Für ca. 40 Stück:

Schwierigkeit:
leicht

Zubereitungszeit:
30 Minuten

ZUBEREITUNG

1. Die Teigzutaten mit bemehlten Händen von außen nach innen schnell zu einem glatten, kompakten Mürbeteig verkneten. Den Teig in Klarsichtfolie wickeln und im Kühlschrank mindestens eine Stunde ruhen lassen.

2. Den Teig auf eine bemehlte Arbeitsfläche geben und das Orangenaroma einarbeiten. Anschließend den Teig zu einer Rolle formen, 2–3 cm dicke Scheiben abschneiden und diese zu Kugeln abdrehen.

3. Mit einem dicken Kochlöffel eine kleine Mulde in die Mitte der Teigkugeln drücken. Die Plätzchen auf ein mit Backpapier ausgelegtes Backblech legen und im auf 170 °C vorgeheizten Backofen 12–15 Minuten backen. Die Plätzchen aus dem Ofen nehmen, leicht abkühlen lassen, auf ein Kuchengitter setzen und vollständig erkalten lassen.

4. Die Marmeladen getrennt erwärmen, glatt rühren und die Plätzchen damit füllen. Die Kulleraugen auf einem Kuchengitter abtrocknen lassen und mit Puderzucker bestäuben. Die Kulleraugen bis zum Verzehr in einer Plätzchendose kühl und dunkel aufbewahren.

Haselnusscreme-Kekse

ZUTATEN

Für den Mürbeteig:
300 g Mehl, 200 g Zucker
1 Ei, 175 g Butter
Saft und Schale von
1 unbehandelten Zitrone

Außerdem:
50 g Butter
100 g Nussnugatcreme
1 Becher Schokoladenglasur

Pro Portionen:
Für ca. 35 Stück:

Schwierigkeit:
mittel

Zubereitungszeit:
30 Minuten

ZUBEREITUNG

1. Die Teigzutaten zu einem glatten, kompakten Mürbeteig verkneten und im Kühlschrank mindestens eine Stunde ruhen lassen. Den Teig auf einer bemehlten Arbeitsfläche ½ cm dick ausrollen und Herzen, Dreiecke und Quadrate ausstechen.

2. Die Plätzchen auf ein mit Backpapier ausgelegtes Backblech setzen und im auf 180 °C vorgeheizten Backofen 12 Minuten backen. Nach Ende der Backzeit die Plätzchen aus dem Backofen nehmen, auf ein Kuchengitter setzen und vollständig erkalten lassen.

3. Die Butter mit dem Schneebesen in einer Schüssel schaumig schlagen und die Nugatcreme unterrühren. Die Hälfte der Plätzchen mit der Creme bestreichen und mit den restlichen Plätzchen abdecken.

4. Die Schokoladenglasur in eine feuerfeste Schüssel geben, nach Packungsanweisung schmelzen und die Kekse damit überziehen. Die Haselnusscreme-Kekse vollständig abtrocknen lassen und bis zum Verzehr in einer Plätzchendose kühl aufbewahren.

Hildabrötchen

ZUTATEN

Für den Mürbeteig:
350 g Mehl, 1 Ei, 1 Eigelb
200 g Zucker
1 Päckchen Vanillezucker
200 g Butter

Außerdem:
150 g Johannisbeergelee
Puderzucker zum Bestäuben

Pro Portionen:
Für ca. 30 Stück:

Schwierigkeit:
mittel

Zubereitungszeit:
30 Minuten

ZUBEREITUNG

1. Die Teigzutaten mit bemehlten Händen von außen nach innen schnell zu einem glatten, kompakten Mürbeteig verkneten. Den Teig in Klarsichtfolie wickeln und im Kühlschrank mindestens eine Stunde ruhen lassen.

2. Anschließend den Teig auf einer bemehlten Arbeitsfläche ½ cm dick ausrollen. Aus dem Teig runde Plätzchen ausstechen und in die Hälfte der Plätzchen ein Loch stechen.

3. Die Plätzchen auf ein mit Backpapier ausgelegtes Backblech setzen und in dem auf 180 °C vorgeheizten Backofen 12 Minuten backen. Das Johannisbeergelee aufkochen, durch ein Sieb streichen und die ganzen Plätzchen damit bestreichen.

4. Die Plätzchen mit dem Loch daraufsetzen und mit Johannisbeergelee füllen. Die Plätzchen abtrocknen lassen, mit Puderzucker bestäuben und bis zum Verzehr in einer Plätzchendose kühl aufbewahren.

Gefüllte Kirschplätzchen

ZUTATEN

Für den Mürbeteig:
150 g Mehl, 1 Eigelb
120 g Butter
90 g Zucker
1 TL Vanillearoma

Außerdem:
120 g Kirschmarmelade
100 g Beleg- oder Amarenakirschen
½ Packung Kakaoglasur
Puderzucker zum Bestäuben

Pro Portionen:
Für ca. 35 Stück:

Schwierigkeit:
mittel

Zubereitungszeit:
30 Minuten

ZUBEREITUNG

1. Das Mehl auf eine Arbeitsfläche sieben und eine Mulde eindrücken. Das Eigelb in die Mulde geben. Die Butter in Flöckchen auf das Mehl setzen, den Zucker und das Vanillearoma darüberstreuen und die Zutaten mit bemehlten Händen von außen nach innen zu einem glatten Teig verkneten.

2. Den Teig in Klarsichtfolie wickeln und im Kühlschrank eine Stunde ruhen lassen. Den Mürbeteig auf einer bemehlten Arbeitsfläche etwa ½ cm dick ausrollen und jeweils etwa 35 Sterne und Rechtecke ausstechen.

3. Die Sterne auf ein mit Backpapier ausgelegtes Backblech setzen. Auf jeden Stern einen Klacks Kirschmarmelade geben und eine Kirsche darauflegen.

4. Die Rechtecke darauflegen, leicht andrücken und in dem auf 180 °C vorgeheizten Backofen etwa 10 Minuten backen. Nach Ende der Backzeit die Plätzchen aus dem Backofen nehmen, auf ein Kuchengitter setzen und vollständig erkalten lassen. Die Plätzchen mit Puderzucker bestäuben und bis zum Verzehr in einer Plätzchendose kühl und dunkel aufbewahren.

Zeyer

Pralinen

Marzipan-Kirsch-Herzen

ZUTATEN

Für die Pralinen:
250 g Marzipan, 100 ml Kirschwasser
1 Lage Hohlkörper
Herzschalen aus Zartbitterkuvertüre
175 g Zartbitterkuvertüre
125 ml süße Sahne
500 g Zartbitterkuvertüre

Außerdem:
Fruchtpulver zum Verzieren

TIPP:

Damit die Pralinen nach dem Überziehen keinen Grauschleier bekommen, muss die Kuvertüre temperiert werden. Entweder Sie verwenden Kuvertüre-Chips oder Sie müssen zuerst die Kuvertüre grob raspeln oder hacken. Jetzt zwei Drittel der Kuvertüre in einer feuerfesten Schüssel über dem Wasserbad unter Rühren schmelzen. Die Kuvertüre muss eine Temperatur von 40–45 °C erreichen. Jetzt die restliche Kuvertüre hinzufügen, das Ganze auf einen kühlen Untergrund stellen und solange Rühren, bis eine homogene Masse entstanden ist. Die Kuvertüre muss jetzt eine Temperatur von 27–28 °C erreicht haben. Jetzt je nach Sorte der Kuvertüre im Wasserbad auf die gewünschte Verarbeitungstemperatur erhitzen und wie in den Rezepten beschrieben weiter verarbeiten.

Weiße Kuvertüre:	30–31 °C
Vollmilchkuvertüre:	31-32 °C
Zartbitterkuvertüre:	32–33 °C

Pro Portionen:
Für ca. 63 Stück:

Schwierigkeit:
schwer

Zubereitungszeit:
60 Minuten

ZUBEREITUNG

1. Das Marzipan mit dem Kirschwasser in eine Schüssel geben und zu einer glatten Masse verarbeiten.

2. Die Masse in einen Spritzbeutel mit kleiner Lochtülle geben und die Herzschalen damit zur Hälfte füllen.

3. Die Kuvertüre grob raspeln oder hacken. Die Sahne in einen Topf geben, einmal aufkochen lassen, die Kuvertüre hinzufügen und unter Rühren schmelzen lassen.

4. Die Masse in einen Spritzbeutel mit kleiner Lochtülle geben, auf etwa 25 °C abkühlen lassen und die Herzen damit befüllen. Dabei 2 mm Platz lassen, damit sich die Pralinen noch verschließen lassen.

5. Einen kleinen Teil der restlichen Kuvertüre grob raspeln oder hacken und schmelzen. Mit der gescholzenen Kuvertüre die Hohlkugeln verschließen und die Kuvertüre fest werden lassen.

6. Die restliche Kuvertüre temperieren und die Herzen mithilfe einer Pralinengabel damit überziehen.

7. Die Pralinen auf ein Gitter oder eine Silikonmatte legen, mit dem Fruchtpulver bestreuen, abtrocknen lassen und bis zum Verzehr in einer Pralinenbox kühl und dunkel aufbewahren.

Tonka-Vanille-Pralinen

ZUTATEN

1 Tonkabohne, 100 ml süße Sahne
200 g Vollmilchkuvertüre
1 Vanilleschote
1 Päckchen Vanillezucker
100 ml süße Sahne
200 g weiße Kuvertüre
1 Lage Hohlkörper Karreeschalen aus weißer Kuvertüre
500 g weiße Kuvertüre
1 Tonkabohne zum Bestreuen

Pro Portionen:
Für ca. 63 Stück:

Schwierigkeit:
schwer

Zubereitungszeit:
60 Minuten

ZUBEREITUNG

1. Die Tonkabohne in die Sahne reiben. Die Vollmilchkuvertüre grob raspeln oder hacken. Die Sahne aufkochen lassen. Die Kuvertüre hinzufügen und schmelzen lassen. Die Masse in einen Spritzbeutel mit kleiner Lochtülle geben, auf etwa 25 °C abkühlen lassen.

2. Für die weiße Creme das ausgeschabte Vanillemark mit dem Vanillezucker und der Sahne aufkochen lassen. Die weiße Kuvertüre grob raspeln oder hacken, hinzufügen und schmelzen lassen. Die Masse in einen Spritzbeutel mit kleiner Lochtülle geben, auf etwa 25 °C abkühlen lassen.

3. Die Karreeschalen zur Hälfte mit Tonkabohnen- und mit Vanillemasse füllen, dabei 2 mm Platz lassen. Einen kleinen Teil der Kuvertüre schmelzen, die Karreeschalen damit verschließen.

4. Die restliche weiße Kuvertüre temperieren, die Pralinen damit überziehen, mit der geriebenen Tonkabohne bestreuen, abtrocknen lassen und bis zum Verzehr in einer Pralinenbox aufbewahren.

Großmutters Rumkugeln

ZUTATEN

Für die Pralinen:
250 g Zartbitterkuvertüre
200 g Butter
200 g Puderzucker
40 g Kakaopulver
1 Päckchen Vanillezucker
3 EL Rum

Außerdem:
2 Päckchen Schokoladenstreusel zum Wälzen

Pro Portionen:
Für ca. 60 Stück:

Schwierigkeit:
mittel

Zubereitungszeit:
60 Minuten

ZUBEREITUNG

1. Die Zartbitterkuvertüre grob raspeln oder hacken, in eine feuerfeste Schüssel geben und unter ständigem Rühren im Wasserbad schmelzen lassen.

2. Die Butter in eine Schüssel geben und mit den Schneebesen des Handrührgerätes schaumig schlagen.

3. Den Puderzucker mit dem Kakaopulver und dem Vanillezucker vermischen, auf die Butter sieben und unter die Buttercreme rühren.

4. Den Rum und die geschmolzene Kuvertüre ebenfalls unterrühren – es soll eine geschmeidige Masse entstehen. Die Masse kalt stellen, bis sie fast fest geworden ist.

5. Anschließend aus der Masse mit den Händen kleine Kugeln abdrehen, diese in den Schokoladenstreuseln wälzen, auf ein Gitter oder eine Silikonmatte legen, abtrocknen lassen und bis zum Verzehr in einer Pralinenbox kühl und dunkel aufbewahren.

Whisky-Krokant-Töpfchen

ZUTATEN

Für die Pralinen:
300 g Vollmilchkuvertüre
125 ml süße Sahne
35 g Glukosesirup
50 ml Whisky
1 Lage Hohlkörper Schokoladentöpfchen aus Zartbitterkuvertüre
4 EL Zucker
100 g gehackte Haselnüsse

ZUBEREITUNG

1. Die Vollmilchkuvertüre grob raspeln oder hacken. Die Sahne in einen Topf geben, einmal aufkochen lassen, die Kuvertüre hinzufügen und unter Rühren schmelzen lassen.

2. Zum Schluss den Glukosesirup und den Whisky dazugeben und solange rühren, bis eine homogene Masse entstanden ist.

3. Die Masse vom Herd nehmen, in einen Spritzbeutel mit kleiner Lochtülle geben und auf etwa 25 °C abkühlen lassen.

4. Die Schokoladentöpfchen bis 2 cm unter den Rand mit der Schokoladenmasse befüllen und die Masse vollständig fest werden lassen.

5. Die Hälfte des Zuckers in einer Pfanne karamellisieren lassen. Die Hälfte der Haselnüsse hinzufügen und durchschwenken.

6. Jetzt sehr zügig – die Masse wird sehr schnell fest – die erste Hälfte der Schokoladentöpfchen mit der Krokantmasse füllen.

7. Die zweite Hälfte des Zuckers in einer Pfanne karamellisieren lassen. Die zweite Hälfte der Haselnüsse hinzufügen und durchschwenken. Die restlichen Schokoladentöpfchen mit der Krokantmasse füllen.

8. Die Whisky-Krokant-Töpfchen auf ein Gitter oder eine Silikonmatte setzen und vollständig abtrocknen lassen.

9. Die Whisky-Krokant-Töpfchen bis zum Verzehr in einer Pralinenbox kühl und dunkel aufbewahren.

TIPP:

Wenn Sie den heißen Krokant auf die Schokoladenmasse geben, verflüssigt sich diese und der Krokant haftet dadurch auf der Praline.

Pro Portionen:
Für ca. 63 Stück:

Schwierigkeit:
schwer

Zubereitungszeit:
60 Minuten

Baileys-Trüffel-Pralinen

ZUTATEN

Für die Pralinen:
200 g Vollmilchkuvertüre
40 g weiße Kuvertüre
120 ml süße Sahne, 140 ml Baileys
1 Lage Hohlkörper Hohlkugeln aus Vollmilchkuvertüre
500 g Vollmilchkuvertüre

Außerdem:
100 g weiße Kuvertüre

Pro Portionen:
Für ca. 63 Stück:

Schwierigkeit:
schwer

Zubereitungszeit:
60 Minuten

ZUBEREITUNG

1. Die Vollmilchkuvertüre und die weiße Kuvertüre grob raspeln oder grob hacken. Die Sahne in einen Topf geben, einmal aufkochen lassen, die Kuvertüre hinzufügen und unter ständigem Rühren schmelzen lassen.

2. Den Baileys vorsichtig unterrühren, in einen Spritzbeutel mit kleiner Lochtülle geben und auf etwa 25 °C abkühlen lassen. Die Hohlkugeln mit der Schokoladenmasse befüllen und dabei 2 mm Platz lassen, damit sich die Pralinen noch verschließen lassen.

3. Einen kleinen Teil der Kuvertüre schmelzen, die Hohlkugeln verschließen und die Kuvertüre fest werden lassen. Die restliche Kuvertüre temperieren und die Pralinen mithilfe einer Pralinengabel damit überziehen.

4. Die Pralinen auf ein Gitter oder eine Silikonmatte legen und vollständig abtrocknen lassen. Die weiße Kuvertüre temperieren, in einen Spritzbeutel mit sehr feiner Lochtülle geben und dünne Linien auf die Pralinen dressieren. Die Baileys-Trüffel-Pralinen vollständig abtrocknen lassen und bis zum Verzehr in einer Pralinenbox kühl und dunkel aufbewahren.

Mokka-Krokant-Pralinen

ZUTATEN

Für die Pralinen:
200 g Zucker
70 ml Sahne
25 g Butter
220 g Marzipanrohmasse
2 TL Instant-Kaffeepulver
150 g gehobelte, geröstete Mandeln

Außerdem:
Pflanzenöl
200 g Vollmilchglasur

Pro Portionen:
Für ca. 30 Stück:

Schwierigkeit:
schwer

Zubereitungszeit:
60 Minuten

ZUBEREITUNG

1. Zuerst den Zucker in einen Topf geben und schmelzen lassen. Die Sahne angießen und unter Rühren solange erhitzen bis sich der Zucker vollständig aufgelöst hat.

2. Die Butter dazugeben und unterrühren. Die Marzipanrohmasse würfeln und unterrühren. Zum Schluss das Instant-Kaffeepulver und die Mandeln einrühren. Die Masse noch heiß auf ein mit Backpapier ausgelegtes Holzbrett geben, mit einem geölten Löffel etwa 1,5 cm flachdrücken und dabei ein Rechteck formen.

3. Die Masse auskühlen lassen. Aus dem Kühlschrank nehmen, auf eine Arbeitsfläche stürzen. Das Backpapier abziehen und mit einem geölten Messer Rechtecke schneiden – dabei das Messer immer wieder ölen – und diese im Kühlschrank erkalten lassen.

4. Die Vollmilchglasur schmelzen, die Rechtecke in die Glasur tauchen und die Glasur festwerden lassen. Mit der restliche Glasur Linien auf die Pralinen spritzen. Die Pralinen gut gekühlt bis zum Verzehr lagern.

Cappuccino-Rahm-Trüffel

ZUTATEN

Für die Pralinen:
75 ml Sahne
1 EL Cappuccinopulver
25 ml Kondensmilch
100 g Vollmilchkuvertüre
100 g weiße Kuvertüre
40 g Nugat, 20 g Butter

Außerdem:
Puderzucker zum Verarbeiten
400 g Vollmilch-Kuchenglasur

TIPP:

Bei der Verarbeitung der Kakaofrucht werden die Früchte mit einer Machete direkt vom Stamm abgeschlagen. Die Samen und das Fruchtfleisch werden auf Bananenblättern ausgeschüttet und mit einer weiteren Schicht Blätter abgedeckt. Die Bohnen beginnen zu gären, die Fermentation setzt ein. Dabei entwickelt sich der typische Geschmack. Nach dem Entfernen der Samenkapseln werden die Bohnen in der Tropensonne getrocknet. Nach dem Trocknen röstet man die Bohnen bei Temperaturen von 100–160 °C. In Mahlwerken werden sie zerbrochen und anschließend werden die Schalenteile entfernt. Jetzt wird der sogenannte Kakaobruch zermahlen. Dabei tritt das Fett – die in den Zellen eingeschlossene Kakaobutter – aus den Kakaobohnen aus und es entsteht die zähflüssige dunkelbraune Kakaomasse. Aus dieser Masse kann nun entweder Kakaopulver oder Schokolade hergestellt werden.

Pro Portionen:
Für ca. 63 Stück:

Schwierigkeit:
schwer

Zubereitungszeit:
60 Minuten

ZUBEREITUNG

1. Die Sahne mit dem Cappuccinopulver und der Kondensmilch in einen Topf geben und einmal aufkochen lassen.

2. Die Vollmilchkuvertüre und die weiße Kuvertüre fein hacken oder grob raspeln, mit dem Nugat und der Butter zur Sahne geben und die Kuvertüre schmelzen lassen. Die Masse vom Herd nehmen und im Kühlschrank festwerden lassen.

3. Anschließend aus der Masse mit einem Teelöffel kleine Stücke abstechen und diese auf einer mit Puderzucker bestäubten Fläche schnell zu Kugeln formen.

4. Die Kugeln auf einen mit Puderzucker bestäubten Teller setzen und im Kühlschrank vollständig auskühlen lassen.

5. Die Kuchenglasur nach Packungsanweisung schmelzen und die Schokoladenkugeln einzeln nach und nach aus dem Kühlschrank nehmen und mithilfe einer Pralinengabel in die Glasur tauchen.

6. Die Cappuccino-Rahm-Trüffel auf ein grobes Sieb legen – immer nur einen Trüffel verarbeiten –, etwas festwerden lassen und anschließend mit einer Gabel über das Sieb hin und her rollen bis kleine Spitzen entstehen.

7. Die fertigen Cappuccino-Rahm-Trüffel im Kühlschrank auskühlen lassen, einzeln in Papiermanschetten legen und gut gekühlt bis zum Verzehr lagern.

Himbeer-Schoko-Trüffel

ZUTATEN

200 g frische Himbeeren
100 g Puderzucker, 50 g Glukose-sirup, 2 EL Himbeergeist
50 g Vollmilchkuvertüre
150 g Zartbitter-Kuvertüre
1 Lage Hohlkörper Hohlkugeln aus Zartbitter-Kuvertüre
300 g Zartbitter-Kuvertüre
je 50 g Zucker und Himbeere-Fruchtpulver zum Wälzen

Pro Portionen:
Für ca. 63 Stück:

Schwierigkeit:
schwer

Zubereitungszeit:
60 Minuten

ZUBEREITUNG

1. Die Himbeeren verlesen, waschen, abtropfen lassen, mit dem Puderzucker in eine Pfanne geben, erhitzen und einreduzieren lassen. Den Glukosesirup hinzufügen und unter erhitzen. Die Kuvertüre raspeln, zu den Beeren geben und solange rühren, bis die Kuvertüre geschmolzen ist. Den Himbeergeist unterrühren. Das Ganze vom Herd nehmen, in einen Spritzbeutel mit kleiner Lochtülle geben und auf etwa 25 °C abkühlen lassen.

2. Die Hohlkugeln mit der Schokoladenmasse befüllen. Dabei 2 mm Platz lassen, damit sich die Pralinen noch verschließen lassen. Einen kleinen Teil der Zartbitter-Kuvertüre grob raspeln oder hacken und schmelzen. Mit der geschmolzenen Kuvertüre die Hohlkugeln verschließen und die Kuvertüre fest werden lassen.

3. Die restliche Kuvertüre temperieren und die Pralinen mithilfe einer Pralinengabel damit überziehen. Die Pralinen auf ein Gitter oder eine Silikonmatte legen. Zucker und Fruchtpulver vermischen und auf einen flachen Teller geben. Die Himbeer-Schoko-Trüffel darin wälzen, abtrocknen lassen und bis zum Verzehr in einer Pralinenbox kühl und dunkel aufbewahren.

Mokkapralinen

ZUTATEN

Für die Pralinen:
15 g frisch gemahlener Kaffee
4 EL heißes Wasser
100 ml Sahne
100 g Vollmilchkuvertüre
100 g Zartbitter-Kuvertüre

Außerdem:
Puderzucker zum Verarbeiten
200 g dunkle Kuchenglasur
Schokoladenbohnen zum Garnieren

Pro Portionen:
Für ca. 30 Stück:

Schwierigkeit:
mittel

Zubereitungszeit:
60 Minuten

ZUBEREITUNG

1. Den Kaffee in ein Töpfchen geben, das heiße Wasser angießen und den Kaffee 10 Minuten ziehen lassen. Den Kaffee über ein Sieb abgießen, mit der Sahne in einen Topf geben und einmal aufkochen lassen.

2. Die Kuvertüre und die Zartbitter-Kuvertüre grob raspeln, in die Sahne geben und schmelzen lassen. Die Masse vom Herd nehmen und bis zur Streichfähigkeit abkühlen lassen. Die Masse auf ein mit Backpapier belegtes Holzbrett etwa 1 cm dick streichen und im Kühlschrank vollständig auskühlen lassen.

3. Die Masse auf eine mit Puderzucker bestäubte Fläche geben, Backpapier abziehen und aus der Masse mit einem in Puderzucker getauchten Ausstecher Blüten ausstechen.

4. Diese auf einen mit Puderzucker bestäubten Teller setzen und im Kühlschrank auskühlen lassen. Die Kuchenglasur schmelzen und die Blüten einzeln nach und nach aus dem Kühlschrank nehmen und mithilfe einer Pralinengabel in die Glasur tauchen. Die Glasur leicht antrocknen lassen, die Mokkapralinen mit Schokoladenbohnen garnieren und bis zum Verzehr kühl stellen.

Marzipan-Kaffee-Pralinen

ZUTATEN

200 g Marzipanrohmasse
1 TL Instant-Kaffee
1 EL Amaretto, 50 g Puderzucker
Puderzucker zum Verarbeiten
125 g Nuss-Nugat
Amaretto zum Bestreichen

Außerdem:
200 g Vollmilchglasur
50 g Zartbitter-Schokoladenglasur

Pro Portionen:
Für ca. 30 Stück:

Schwierigkeit:
schwer

Zubereitungszeit:
60 Minuten

ZUBEREITUNG

1. Marzipanrohmasse, Kaffee, Amaretto und Puderzucker auf eine mit Puderzucker bestäubte Arbeitsfläche geben und alles gut miteinander verkneten. Die Marzipanmasse etwa 1 cm dick zu einem Rechteck ausrollen.

2. Nugat auf einer mit Puderzucker bestäubten Arbeitsfläche in der Größe des Marzipanrechtecks ausrollen. Dieses mit Amaretto bestreichen, das Nugatrechteck darauflegen und im Kühlschrank ½ Stunde auskühlen lassen.

3. Das Rechtecke auf eine mit Puderzucker bestäubte Arbeitsfläche legen und kleine Rechtecke aus der Masse schneiden. Die Rechtecke erneut kühlstellen. Die Vollmilchglasur und die Zartbitter-Schokoladenglasur nach Packungsanweisung getrennt schmelzen lassen.

4. Die Rechtecke einzeln nach und nach aus dem Kühlschrank nehmen und mithilfe einer Pralinengabel in die Glasur tauchen. Die Glasur festwerden lassen. Die Schokoladenglasur in einen Spritzbeutel mit sehr feiner Lochtülle geben und Punkte auf die Pralinen aufspritzen. Die Pralinen in Papiermanschetten legen und gut gekühlt bis zum Verzehr lagern.

Herrentrüffel

ZUTATEN

Für die Pralinen:
150 ml Sahne
400 g dunkle Kuvertüre
2 cl Kaffeelikör

Außerdem:
Puderzucker zum Verarbeiten
300 g dunkle Kuchenglasur

Pro Portionen:
Für ca. 30 Stück:

Schwierigkeit:
mittel

Zubereitungszeit:
60 Minuten

ZUBEREITUNG

1. Die Sahne in einen Topf geben und langsam zum Kochen bringen. Die Kuvertüre grob hacken oder raspeln, in die Sahne geben und schmelzen lassen. Den Kaffeelikör einrühren, die Masse vom Herd nehmen und im Kühlschrank festwerden lassen.

2. Anschließend aus der Masse mit einem Teelöffel kleine Stücke abstechen und diese auf einer mit Puderzucker bestäubten Fläche schnell zu Kugeln formen. Die Kugeln auf einen mit Puderzucker bestäubten Teller setzen und im Kühlschrank auskühlen lassen.

3. Die dunkle Kuchenglasur nach Packungsanweisung schmelzen. Die Schokoladenkugeln einzeln nach und nach aus dem Kühlschrank nehmen und mithilfe einer Pralinengabel in die Glasur tauchen.

4. Die Herrentrüffel auf ein grobes Sieb legen – immer nur einen Trüffel verarbeiten –, etwas festwerden lassen und mit einer Gabel über das Sieb hin und her rollen bis kleine Spitzen entstehen. Die fertigen Herrentrüffel im Kühlschrank auskühlen lassen, einzeln in Papiermanschetten legen und gut gekühlt bis zum Verzehr lagern.

Bratapfel-Pralinen

ZUTATEN

Für die Pralinen:
1 Apfel
4 TL Puderzucker
4 gehäufte TL Apfelkraut
300 g weiße Kuvertüre
90 ml süße Sahne
90 ml Apfellikör
½ TL Zimtpulver
1 Lage Hohlkörper Hohlkugeln aus Vollmilchkuvertüre
500 g Vollmilchkuvertüre

Außerdem:
Goldflitter zum Verzieren

ZUBEREITUNG

1. Den Apfel schälen, entkernen und in sehr feine Würfel schneiden oder grob raspeln.

2. Die Apfelwürfel oder -raspel mit dem Puderzucker in eine Pfanne geben und kurz anschwitzen.

3. Das Apfelkraut hinzufügen, kurz mitschwitzen, vom Herd nehmen, in einen Spritzbeutel mit kleiner Lochtülle geben und auf etwa 25 °C abkühlen lassen.

4. Die weiße Kuvertüre grob raspeln oder hacken. Die Sahne in einen Topf geben, einmal aufkochen lassen, die Kuvertüre hinzufügen und unter Rühren schmelzen lassen.

5. Den Apfellikör und den Zimt unterrühren. Die Masse in einen Spritzbeutel mit kleiner Lochtülle gebenund auf etwa 25 °C abkühlen lassen.

6. Die Hohlkugeln jeweils zur Hälfte mit der Apfelmasse und mit der Schokoladenmasse befüllen. Dabei 2 mm Platz lassen, damit sich die Pralinen noch verschließen lassen.

7. Einen kleinen Teil der Vollmilchkuvertüre grob raspeln oder hacken und schmelzen.

8. Mit der geschmolzenen Kuvertüre die Hohlkugeln verschließen und die Kuvertüre fest werden lassen.

9. Die restliche Kuvertüre temperieren und die Pralinen mithilfe einer Pralinengabel damit überziehen.

10. Die Pralinen auf ein Gitter oder eine Silikonmatte legen, mit dem Goldflitter bestreuen und vollständig abtrocknen lassen. Die Bratapfel-Pralinen bis zum Verzehr in einer Pralinenbox kühl und dunkel aufbewahren.

TIPP:

Schokolade (lateinisch: Pasta Theobromae von Theobroma cacao) ist ein kakaohaltiges Lebens- und Genussmittel. Das Wort leitet sich vom Namen des ersten kakaohaltigen Getränkes ab, dem Xocóatl oder Xocólatl (Xócoc – bitter; atl – Wasser) und bedeutet „bitteres Wasser" bzw. „Kakaowasser" in der Sprache der Azteken. Es war eine Mischung aus Wasser, Kakao, Vanille und Cayennepfeffer. Die wissenschaftliche Bezeichnung für den Kakaobaum ist „Theobroma cacao" nach dem schwedischen Naturforscher Linné. Theobroma bedeutet „Speise der Götter" und diesem wurde das in Mittelamerika übliche Wort „cacao" angefügt.

Pro Portionen:
Für ca. 63 Stück:

Schwierigkeit:
schwer

Zubereitungszeit:
60 Minuten

Knuspernugat

ZUTATEN

Für die Pralinen:
5 EL Puderzucker
50 g Kakaobohnensplitter
600 g dunkler Nugat
500 g Vollmilchkuvertüre

Außerdem:
4 EL Kakaobohnensplitter zum Bestreuen

Pro Portionen:
Für ca. 60 Stück:

Schwierigkeit:
schwer

Zubereitungszeit:
60 Minuten

ZUBEREITUNG

1. Den Puderzucker in einer trockenen Pfanne leicht karamellisieren lassen. Die Kakaobohnensplitter hinzufügen, gut durchschwenken, vom Herd nehmen, auf eine Marmorplatte oder eine Silikonmatte schütten und vollständig auskühlen lassen.

2. Das Nugat in 1 cm große Würfel schneiden, in eine feuerfeste Schüssel geben und im Wasserbad unter ständigem Rühren schmelzen lassen. Das restliche Nugat hinzufügen und solange schmelzen lassen, bis eine glatte Masse entstanden ist. Zum Schluss den Kakaokrokant unterheben.

3. Einen Backrahmen (30 x 30 cm) auf eine mit Backpapier ausgelegte Form stellen, die Masse einfüllen und glatt streichen. Die Form verschließen und die Nugatmasse an einem kühlen Ort 24 Stunden aushärten lassen.

4. Den Backrahmen entfernen und aus der Masse 60 Stücke schneiden. Die Kuvertüre temperieren. Die Pralinen damit überziehen, mit Kakaobohnensplittern bestreuen, abtrocknen lassen und bis zum Verzehr in einer Pralinenbox aufbewahren.

Chilitrüffel

ZUTATEN

Für die Pralinen:
1 Stück getrocknete Chilischote
300 ml Orangensaft
225 g Vollmilchkuvertüre
190 ml süße Sahne
15 ml Orangenlikör
1 Lage Hohlkugeln Vollmilch
300 g Vollmilchkuvertüre

Außerdem:
60 g Zucker
15 g Kakaopulver

Pro Portionen:
Für ca. 63 Stück:

Schwierigkeit:
schwer

Zubereitungszeit:
60 Minuten

ZUBEREITUNG

1. Die Chilischote fein hacken. Den Orangensaft in einen Topf geben, die Chilistücke hinzufügen, das Ganze zum Kochen bringen und unter ständigem Rühren etwa 10 Minuten zu einem Sirup einkochen. Den Sirup vom Herd nehmen, durch ein Sieb passieren und bereitstellen.

2. Die Vollmilchkuvertüre grob raspeln oder klein hacken. Die Sahne in einen Topf geben, einmal aufkochen lassen, die Kuvertüre hinzufügen und unter Rühren schmelzen lassen. Den Orangensirup dazugeben und die Massen glatt rühren. Die Masse auf etwa 50 °C abkühlen lassen und erst dann den Orangenlikör unterziehen.

3. Die Trüffelmasse in einen Spritzbeutel mit kleiner Lochtülle geben, auf etwa 25 °C abkühlen lassen und die Hohlkugeln damit befüllen. Dabei etwa 2 mm Platz lassen, damit sich die Pralinen noch verschließen lassen.

4. Einen kleinen Teil der restlichen Kuvertüre raspeln und schmelzen. Mit der gescholzenen Kuvertüre die Hohlkugeln verschließen und die Kuvertüre fest werden lassen. Die restliche Vollmilchkuvertüre temperieren und die Trüffel damit überziehen.

5. Den Zucker mit dem Kakaopulver auf einem flachen Teller vermischen und die Pralinen darin wälzen. Die Chili-Trüffel abtrocknen lassen und bis zum Verzehr in einer Pralinenbox kühl aufbewahren.

Klassiker aus der Backstube

Stracciatella-Cookies

ZUTATEN

250 g Mehl
1 gestrichener TL Backpulver
1 EL Milch
einige Tropfen Bittermandelöl
100 g Zucker
1 Päckchen Vanillezucker
50 g Vollmilch-Schokostreusel
200 g Butter

Pro Portionen:
Für ca. 30 Stück:

Schwierigkeit:
leicht

Zubereitungszeit:
30 Minuten

ZUBEREITUNG

1. Das Mehl mit dem Backpulver in einer Schüssel vermischen, auf eine Arbeitsfläche sieben, eine Mulde eindrücken, die Milch in die Mulde geben und mit Bittermandelöl beträufeln. Den Zucker mit dem Vanillezucker und den Schokostreuseln in einer Schüssel vermischen und darüberstreuen. Die Butter in Flöckchen daraufsetzen.

2. Die Zutaten mit bemehlten Händen von außen nach innen schnell zu einem glatten, kompakten Teig verkneten. Den Mürbeteig in Klarsichtfolie wickeln und im Kühlschrank mindestens eine Stunde ruhen lassen. Anschließend den Teig auf einer bemehlten Arbeitsfläche 1 cm dick ausrollen und Kreise (6–8 cm Durchmesser) ausstechen.

3. Die Teigkreise nebeneinander auf ein mit Backpapier ausgelegtes Backblech setzen und die Plätzchen in dem auf 180 °C vorgeheizten Backofen 10–12 Minuten backen.

4. Die fertig gebackenen Stracciatella-Cookies aus dem Backofen nehmen, auf ein Kuchengitter setzen, vollständig erkalten lassen, in eine Plätzchendose geben und bis zum Verzehr kühl aufbewahren.

Mokkasternchen

ZUTATEN

Für den Rührteig:
150 g weiche Butter, 150 g Zucker
1 Päckchen Vanillezucker
1 Ei, 300 g Mehl
½ TL Backpulver
50 g Schokoraspel
1 EL Instant-Kaffeepulver

Außerdem:
1 Packung dunkle Schokoladenglasur
Mokkabohnen zum Belegen

Pro Portionen:
Für ca. 50 Stück:

Schwierigkeit:
leicht

Zubereitungszeit:
30 Minuten

ZUBEREITUNG

1. Die weiche Butter in eine Schüssel geben und schaumig schlagen, den Zucker und den Vanillezucker dazugeben und so lange weiterschlagen, bis sich der Zucker vollständig aufgelöst hat.

2. Das Ei zugeben und kräftig darunterschlagen. Mehl und Backpulver vermischen, auf die Masse sieben und alles zu einem glatten, kompakten Teig verarbeiten.

3. Die Schokoladenraspel und das Kaffeepulver hinzufügen und uner den Teig arbeiten. Den Teig auf einer bemehlten Arbeitsfläche etwa 1 cm dick ausrollen, Sterne ausstechen und auf ein mit Backpapier ausgelegtes Backblech legen. Die Sterne in dem auf 180 °C vorgeheizten Backofen 12 Minuten backen.

4. Die fertigen Sterne aus dem Ofen nehmen, auf ein Kuchengitter setzen und vollständig auskühlen lassen. Die Schokoladenglasur schmelzen und die Sterne damit beträufeln. Je eine Mokkabohne mit etwas Glasur auf die Sterne setzen und die Glasur abtrocknen lassen. Die Mokkasternchen bis zum Verzehr in einer Plätzchendose kühl aufbewahren.

Gebäckstangen mit Orangenaroma

ZUTATEN

Für den Rührteig:
250 g weiche Butter
150 g Zucker
1 Prise Salz
2 Päckchen Orangenaroma
1 Ei
1 Eigelb
300 g Mehl
75 g Speisestärke
½ TL Backpulver

Für den Guss:
1 Päckchen Vanilleglasur
1 Päckchen Kakaoglasur

ZUBEREITUNG

1. Die Butter in eine Schüssel geben und mit dem Schneebesen geschmeidig schlagen.

2. Den Zucker, das Salz und das Orangenaroma vermischen, hinzufügen und solange weiterschlagen, bis eine schaumige Masse entstanden ist.

3. Das Ei und das Eigelb kräftig unterrühren. Das Mehl mit der Speisestärke und dem Backpulver vermischen, auf die Eimasse sieben und unterrühren.

4. Den Teig in einen Spritzbeutel mit Sterntülle füllen und jeweils 2 Streifen (6 cm lang) eng nebeneinander auf ein mit Backpapier aus gelegtes Backblech spritzen.

5. Die Gebäckstangen in dem auf 180 °C vorgeheizten Backofen etwa 10–12 Minuten backen.

6. Die fertig gebackenen Gebäckstangen aus dem Backofen nehmen, noch warm mit einem breiten Messer vom Blech nehmen und auf einem Kuchengitter vollständig erkalten lassen.

7. Die Glasuren sortenweise im heißen Wasserbad schmelzen lassen und geschmeidig rühren.

8. Die Gebäckstangen mit einer Seite in die helle Glasur und mit der anderen Seite in die dunkle Glasur eintauchen.

9. Die Gebäckstangen auf ein Kuchengitter setzen, vollständig abtrocknen lassen und bis zum Verzehr in einer Plätzchendose kühl aufbewahren.

TIPP:
Backaromen sind Auszüge aus verschiedenen Grundsubstanzen oder künstlich hergestellte Stoffe zum Aromatisieren von Teigen und Cremes. Sie sind in kleinen Glasfläschchen erhältlich und werden nur sehr sparsam dosiert. Mit Zitronen-, Bittermandel-, Rum-, Arrak-, Vanille- oder Butteraroma können immer wieder andere Geschmacksrichtungen erreicht werden. Geschmacklich intensiver sind allerdings natürliche Aromen wie Zitronenschale, Orangenschale oder Vanille.

Pro Portionen:
Für ca. 40 Stück:

Schwierigkeit:
leicht

Zubereitungszeit:
30 Minuten

Zitronenhäufchen

ZUTATEN

Für den Rührteig:
125 g Butter, 125 g Zucker
2 Päckchen Zitronenaroma
1 Ei, 1 Eigelb, 250 g Mehl
3 gestrichene TL Backpulver

Außerdem:
Saft von 1 Zitrone
150–200 g Puderzucker
50 g gehackte Haselnusskerne

Pro Portionen:
Für ca. 30 Stück:

Schwierigkeit:
mittel

Zubereitungszeit:
30 Minuten

ZUBEREITUNG

1. Die Butter mit dem Zucker und dem Zitronenaroma in eine Schüssel geben und mit den Schneebesen des Handrührgerätes weißschaumig schlagen. Das Ei und das Eigelb hinzufügen und mit den Schneebesen kräftig unterrühren.

2. Das Mehl mit dem Backpulver vermischen, auf die Schaummasse sieben und unterrühren. Die Masse in einen Spritzbeutel mit Lochtülle füllen und Häufchen auf ein mit Backpapier ausgelegtes Backblech spritzen.

3. Die Häufchen im auf 180 °C vorgeheizten Backofen 12–15 Minuten backen. Die fertig gebackenen Plätzchen aus dem Backofen nehmen, auf ein Kuchengitter setzen und leicht abkühlen lassen.

4. Den Zitronensaft und den Puderzucker in eine Schüssel geben und so lange rühren, bis ein zäher Guss entstanden ist. Den Zitronenguss auf die Plätzchen streichen und mit den gehackten Haselnüssen bestreuen. Den Zitronenguss vollständig abtrocknen lassen und die Zitronenhäufchen bis zum Verzehr in einer Plätzchendose kühl aufbewahren.

Himbeer-Zuckersterne

ZUTATEN

Für den Teig:
375 g Mehl
125 g Puderzucker
Saft und abgeriebene
Schale von 1 Zitrone
1 Ei
250 g Butter

Außerdem:
1 Glas Himbeermarmelade
100 g Puderzuckerglasur

Pro Portionen:
Für ca. 40 Stück:

Schwierigkeit:
leicht

Zubereitungszeit:
30 Minuten

ZUBEREITUNG

1. Die Teigzutaten zu einem glatten, kompakten Mürbeteig verkneten. Den Teig in Klarsichtfolie wickeln und im Kühlschrank mindestens eine Stunde ruhen lassen.

2. Anschließend den Teig durchkneten und auf einer bemehlten Arbeitsfläche ausrollen. Aus dem Teig zur Hälfte jeweils 3 cm und 2 cm große Sterne ausstechen. Diese auf ein mit Backpapier ausgelegtes Backblech setzen und im auf 180–200 °C vorgeheizten Backofen etwa 10 Minuten backen.

3. Die gebackenen Sterne auf einem Kuchengitter erkalten lassen. Jeweils zwei Sterne mit der erhitzten, glatt gerührten Marmelade zusammenkleben. Das restliche Gelee auf die Sterne streichen.

4. Etwas Puderzuckerglasur in ein Pergamenttütchen füllen, eine feine Spitze abschneiden und die Glasur in feinen Linien auf die Sterne dressieren. Die Himbeer-Zuckersterne einen Tag trocknen lassen und dann in einer Plätzchendose bis zum Verzehr kühl aufbewahren.

Himbeer-Doppeldecker

ZUTATEN

Für den Mürbeteig:
400 g Mehl
1 Päckchen Vanillepuddingpulver
1 Päckchen Backpulver
2 Eier
150 g Zucker
1 Prise Salz
einige Tropfen Rumaroma
150 g Butter

Außerdem:
150 g Himbeermarmelade
100 g Puderzucker
1–2 EL Himbeersaft
einige Tropfen Rumaroma
geschälte Pinien- und Haselnusskerne und Mandeln zum Belegen

TIPP:

Die Ingwerwurzel, welche zur Pflanzenfamilie der Gewürzlilien gehört, schmeckt zitronig-scharf und wirkt appetitanregend und verdauungsfördernd. Als Backgewürz wird die Wurzel getrocknet, gebleicht, geschält und gemahlen und kommt dann in Ingwerplätzchen, Lebkuchen und Printen. In kandierter Form wird Ingwer auch in Früchtebroten verwendet. Da Ingwer zudem den Stoffwechsel anheizt, wärmt er passend zur kalten Jahreszeit in Form von Tee wunderbar von innen.

Pro Portionen:
Für ca. 50 Stück:

Schwierigkeit:
mittel

Zubereitungszeit:
30 Minuten

ZUBEREITUNG

1. Das Mehl mit dem Puddingpulver und dem Backpulver vermischen, auf eine Arbeitsfläche sieben, eine Mulde eindrücken und die Eier in die Mulde geben.

2. Den Zucker und das Salz darüberstreuen und mit einige Tropfen Rumaroma beträufeln.

3. Die Butter in Flöckchen daraufsetzen und das Ganze mit bemehlten Händen von außen nach innen schnell zu einem glatten, kompakten Teig verkneten.

4. Den Mürbeteig in Klarsichtfolie wickeln und im Kühlschrank mindestens eine Stunde ruhen lassen.

5. Anschließend den Teig aus dem Kühlschrank nehmen und auf einer bemehlten Arbeitsfläche etwa ½ cm dick ausrollen.

6. Aus dem Teig 50 größere und 50 kleinere Plätzchen ausstechen. Diese auf ein mit Backpapier belegtes Backblech setzen und im auf 180 °C vorgeheizten Backofen ca. 10 Minuten backen.

7. Die fertig gebackenen Plätzchen aus dem Backofen nehmen, auf ein Kuchengitter setzen und vollständig auskühlen lassen.

8. Die Himbeermarmelade in einen Topf geben und einmal aufkochen lassen. Die größeren Plätzchen mit der Himbeermarmelade bestreichen und die kleineren Plätzchen daraufsetzen.

9. Den gesiebten Puderzucker mit dem Himbeersaft und einigen Tropfen Rumaroma in eine Schüssel geben, mit dem Schneebesen zu einer zähflüssigen Glasur verrühren und die Plätzchen damit bestreichen.

10. Die geschälten Pinien- und Haselnusskerne sowie die Mandeln darauflegen, die Plätzchen vollständig abtrocknen lassen und bis zum Verzehr in einer Plätzchendose kühl aufbewahren.

Mandelplätzchen

ZUTATEN

Für den Teig:
260 g Butter, 200 g Zucker
1 TL Zimtpulver, 1 Msp. Nelkenpulver
2 TL Kakao, 365 g Mehl
130 g geschälte, gemahlene Mandeln

Außerdem:
100 g Schokoladenglasur
30–40 g Pistazienkerne
gemahlene Mandeln zum Bestreuen

Pro Portionen:
Für ca. 40 Stück:

Schwierigkeit:
mittel

Zubereitungszeit:
30 Minuten

ZUBEREITUNG

1. Die Butter mit dem Zucker in eine Schüssel geben und mit den Schneebesen des Handrührgerätes schaumig schlagen. Die Gewürze dazugeben. Das gesiebte Mehl sowie die gemahlenen Mandeln hinzufügen und unterkneten. Den Teig in Klarsichtfolie wickeln und im Kühlschrank mindestens eine Stunde ruhen lassen.

2. Anschließend den Teig nochmals durchkneten und daraus 2 cm große Kugeln formen. Diese auf ein mit Backpapier ausgelegtes Backblech setzen, leicht andrücken und in dem auf 180–200 °C vorgeheizten Backofen 12–15 Minuten backen. Die fertig gebackenen Mandelplätzchen aus dem Backofen nehmen, auf ein Kuchengitter setzen und vollständig erkalten lassen.

3. Die Schokoladenglasur im heißen Wasserbad schmelzen und die Plätzchen mit der Glasur überziehen. Die Pistazienkerne in die Glasur tauchen, auf die Plätzchen setzen und mit den gemahlenen Mandeln bestreuen. Die Glasur vollständig abtrocknen lassen und die Plätzchen in einer Plätzchendose bis zum Verzehr aufbewahren.

Zimtplätzchen

ZUTATEN

Für den Teig:
270 g Mehl
100 g gemahlene Mandeln
250 g Zucker
1 Päckchen Vanillezucker
2 TL Zimt, 2 Eier
125 g Butter

Außerdem:
geschälte, halbierte Mandeln
Zuckerglasur, ganze Pistazien und rote Belegkirschen zum Garnieren

Pro Portionen:
Für ca. 30 Stück:

Schwierigkeit:
mittel

Zubereitungszeit:
30 Minuten

ZUBEREITUNG

1. Die Teigzutaten zu einem glatten, kompakten Mürbeteig verkneten. Den Teig in Klarsichtfolie wickeln und im Kühlschrank mindestens eine Stunde ruhen lassen.

2. Anschließend den Teig nochmals durchkneten und auf einer bemehlten Arbeitsfläche ausrollen. Den Teig mit einem Teigrädchen in 3 x 5 cm große Stücke schneiden und diese auf ein mit Backpapier ausgelegtes Backblech legen.

3. Die Mandeln dekorativ auf die Plätzchen legen und diese im auf 180–200 °C vorgeheizten Backofen 12–15 Minuten backen.

4. Die fertig gebackenen Plätzchen aus dem Backofen nehmen und auf einem Kuchengitter vollständig erkalten lassen.

5. Die Pistazien und die halbierten Belegkirschen mit der Zuckerglasur dekorativ auf die Plätzchen kleben. Die Zimtplätzchen in einer Plätzchendose bis zum Verzehr kühl aufbewahren.

Aprikosen-Tatzen

ZUTATEN

Für den Teig:
400 g Butter
150 g Puderzucker
1 Päckchen Vanillezucker
3 Eier, 550 g Mehl

Außerdem:
200 g Aprikosenmarmelade
Pderzucker zum Bestäuben

Pro Portionen:
Für ca. 40 Stück:

Schwierigkeit:
mittel

Zubereitungszeit:
30 Minuten

ZUBEREITUNG

1. Die Butter mit dem gesiebten Puderzucker und dem Vanillezucker in eine Schüssel geben und mit den Schneebesen des Handrührgerätes schaumig schlagen.

2. Die Eigelbe kräftig unterrühren. Das gesiebte Mehl unter die Eicreme rühren und den Teig in einen Spritzbeutel mit Sterntülle füllen. Tatzen auf ein mit Backpapier ausgelegtes Backblech spritzen und diese inm dem auf 180 °C vorgeheizten Backofen 10–12 Minuten backen.

3. Die fertigen Plätzchen aus dem Backofen nehmen und auf einem Kuchengitter vollständig erkalten lassen. Die Aprikosenmarmelade leicht erwärmen, durch ein Sieb streichen und die Hälfte der Plätzchen auf der Unterseite mit der Marmelade bestreichen.

4. Die andere Hälfte der Plätzchen mit der Unterseite daraufsetzen, die Aprikosenmarmelade vollständig abtrocknen lassen und das Spritzgebäck bis zum Verzehr in einer Plätzchendose kühl und dunkel aufbewahren. Kurz vor dem Servieren mit Puderzucker bestäuben.

Schwarz-Weiß-Gebäck

ZUTATEN

Für den Teig:
250 g gesiebtes Mehl, 2 Eigelb
180 g Butter, 150 g Zucker
Mark von ½ Vanilleschote
½ TL Backpulver
1 Prise Salz
1 EL süße Sahne

Außerdem:
50 g dunkle Kuvertüre
2 TL Kakaopulver
1 Eiweiß zum Bestreichen
1 Glas Johannisbeergelee

Pro Portionen:
Für ca. 30 Stück:

Schwierigkeit:
mittel

Zubereitungszeit:
30 Minuten

ZUBEREITUNG

1. Die Teigzutaten in eine Schüssel geben und mit den Knethaken des Handrührgerätes zu einem glatten Teig verkneten. Etwa 200 g Teig abnehmen, die geriebene Kuvertüre und das gesiebte Kakaopulver unterkneten.

2. Die Teigsorten getrennt in Klarsichtfolie wickeln und im Kühlschrank 60 Minuten ruhen lassen. Die beiden Teigsorten zu je zwei gleich großen Rechtecken ausrollen. Den braunen Teig mit Eiweiß bestreichen, den weißen Teig darauflegen und das Ganze zu einer Rolle formen. Die Nahtstelle andrücken.

3. Den Teig eine Stunde kalt stellen. Die Teigrollen in ½ cm dicke Scheiben schneiden und auf ein mit Backpapier ausgelegtes Backblech setzen. Die Plätzchen im auf 180 °C vorgeheizten Backofen ca. 15 Minuten backen.

4. Die Plätzchen erkalten lassen. Das Gelee erwärmen, glatt rühren, die Hälfte der Plätzchen damit bestreichen und mit den restlichen Plätzchen belegen. Das Schwarz-Weiß-Gebäck etwas abtrocknen lassen und bis zum Verzehr in einer Plätzchendose kühl und dunkel aufbewahren.

Schokoladenbrot

ZUTATEN

Für den Teig:
250 g Butter
50 g Honig
200 g Zucker
2 cl Rum
5 Eier
450 g Mehl
1 Päckchen Backpulver
1 gehäufter TL Lebkuchengewürz
½ TL Zimt
50 g gemahlene Haselnüsse
50 g gehackte Schokolade
50 g Mandelstifte
Fett und Semmelbrösel für
die Springform

Außerdem:
200 g Vollmilch-Kuvertüre
Mandelblättchen und Walnusskerne
zum Verzieren

ZUBEREITUNG

1. Die Butter mit dem Honig und der Butter so lange schaumig schlagen, bis sich der Zucker vollständig aufgelöst hat, anschließend mit dem Rum aromatisieren.

2. Die Eier einzeln hinzufügen und kräftig unterarbeiten. Das gesiebte Mehl mit dem Backpulver vermischen.

3. Das Lebkuchengewürz und den Zimt mit den gemahlenen Haselnüsse, der gehackten Schokolade und den Mandelstiften unter das Mehl mischen.

4. Die Mehlmischung nach und nach in den Butter-Ei-Schaum einrühren. Den Teig in eine mit Backpapier ausgelegte eckige Springform (18 x 28 cm) streichen.

5. Das Schokoladenbrot in dem auf 180–200 °C vorgeheizten Backofen etwa 25–30 Minuten backen.

6. Nach Ende der Backzeit den Lebkuchen aus dem Backofen nehmen, leicht auskühlen lassen, auf ein Kuchengitter legen und vollständig erkalten lassen.

7. Das Schokoladenbrot in gleichmäßige Quadrate oder Rechtecke schneiden und mit der geschmolzenen Vollmilch-Kuvertüre überziehen.

8. Die Hälfte der Schokoladenbrote mit Mandelblättchen bestreuen und die restlichen Schokoladenbrote mit den Walnusskernen belegen.

9. Die Glasur vollständig trocknen lassen und die Schokoladenbrote bis zum Verzehr in einer Plätzchendose kühl aufbewahren.

TIPP:
Sie können die Schokoladenbrote auch mit Puderzucker- oder Zitronenglasur überziehen.

Pro Portionen:
Für ca. 40 Stück:

Schwierigkeit:
mittel

Zubereitungszeit:
30 Minuten

Zimtsterne

ZUTATEN

Für die Makronenmasse:
3 Eiweiß, 200 g Puderzucker
400 g mit der Schale geriebene Mandeln
Mark von ½ Vanilleschote
½ TL Zimt

Außerdem:
100 g gemahlene Mandeln zum Ausrollen

Pro Portionen:
Für ca. 40 Stück:

Schwierigkeit:
mittel

Zubereitungszeit:
30 Minuten

ZUBEREITUNG

1. Die Eiweiße sehr steif schlagen, den gesiebten Puderzucker einrieseln lassen und alles zu einer steifen Baisermasse aufschlagen. Von der Masse 4 EL als Guss abnehmen und kalt stellen.

2. Die Mandeln, das Vanillemark und den Zimt unter die übrige Baisermasse rühren. Sollte die Masse zu weich sein, noch einige gemahlene Mandeln unterrühren.

3. Den Teig auf einer mit gemahlenen Mandeln bestreuten Arbeitsfläche 1 cm dick ausrollen und Sterne (4 cm Durchmesser) ausstechen. Die Sterne mit geringem Abstand auf ein mit Backpapier ausgelegtes Backblech setzen.

4. Die Sterne mit dem Guss bestreichen und im auf 160 °C vorgeheizten Backofen ca. 15 Minuten backen.

5. Die fertig gebackenen Zimtsterne aus dem Ofen nehmen, erkalten lassen und bis zum Verzehr in einer Plätzchendose kühl aufbewahren.

Hausgemachte Spekulatius

ZUTATEN

Für den Teig:
150 g Butter, 100 g Zucker
1 Ei, 1 Prise Salz
je ¼ TL Zimtpulver, Kardamompulver, Ingwerpulver und Pfefferkuchengewürz
250 g Mehl
1 Prise Backpulver
65 g geriebene Mandeln

Außerdem:
Milch zum Bestreichen

Pro Portionen:
Für ca. 50 Stück:

Schwierigkeit:
leicht

Zubereitungszeit:
30 Minuten

ZUBEREITUNG

1. Die Butter mit dem Zucker in eine Schüssel geben und weißschaumig schlagen. Das Ei dazugeben und kräftig darunterschlagen. Das Salz mit den Gewürzen unterrühren. Das Mehl mit dem Backpulver vermischen, auf die Masse sieben und das Ganze mit den geriebenen Mandeln zu einem glatten Teig verarbeiten.

2. Den Teig in Klarsicht- oder Alufolie wickeln und im Kühlschrank mindestens eine Stunde ruhen lassen. Anschließend den Teig auf einer bemehlten Arbeitsfläche etwa ½ cm dick ausrollen.

3. Den Teig je nach Geschmack mit Modeln formen oder ausstechen. Die Figuren auf ein mit Backpapier ausgelegtes Backblech setzen, mit Milch bestreichen und in dem auf 180 °C vorgeheizten Backofen 8–10 Minuten backen.

4. Die fertig gebackenen Spekulatius aus dem Backofen nehmen, auf ein Kuchengitter setzen, vollständig auskühlen lassen und bis zum Verzehr in einer Plätzchendose kühl aufbewahren.

Kartoffellebkuchen

ZUTATEN

Für den Teig:
700 g mehligkochende Kartoffeln
450 g Mehl
3 Päckchen Backpulver
6 Eier
700 g Zucker
100 g Schokolade
50 g Zitronat
50 g Orangeat
2 TL Zimtpulver
1 TL Nelkenpulver
500 g gemahlene Mandeln

Außerdem:
Backoblaten (Durchmesser 70 mm)
1 Becher Schokoladenglasur

ZUBEREITUNG

1. Die Kartoffeln unter fließendem Wasser abbürsten, waschen, in einen Topf geben, Salzwasser angießen, den Topf verschließen, die Kartoffeln zum Kochen bringen und 20 Minuten kochen lassen.

2. Die Kartoffeln abgießen, leicht erkalten lassen, noch heiß pellen, durch die Kartoffelpresse in eine große Schüssel drücken und erkalten lassen.

3. Das Mehl mit dem Backpulver vermischen und auf die Kartoffeln sieben. Die Eier einzeln unterrühren und das Ganze zu einem glatten, kompakten Kartoffelteig verarbeiten.

4. Die Schokolade, das Orangeat und das Zitronat fein hacken, mit dem Zimtpulver, dem Nelkenpulver und den gemahlenen Mandeln zur Kartoffelmasse geben und alles zu einem glatten, kompakten Teig verarbeiten.

5. Die Backoblaten auf ein Backblech legen, jeweils einen gehäuften EL Kartoffelteig daraufsetzen und mit einem feuchten Messer glatt streichen.

6. Die Kartoffellebkuchen in dem auf 180–200 °C vorgeheizten Backofen etwa 20 Minuten backen, herausnehmen und auf einem Kuchengitter erkalten lassen.

7. Die Schokoladenglasur in eine feuer-feste Schüssel geben und im Wasserbad nach Packungsanweisung schmelzen.

8. Die Lebkuchen auf der Oberseite mit der Schokoladenglasur überziehen, mit Zuckerstreuseln, Schokoladenstreuseln oder Mandelblättchen bestreuen, auf ein Kuchengitter setzen und vollständig abtrocknen lassen.

9. Die Kartoffellebkuchen vollständig abtrocknen lassen und bis zum Verzehr in einer Plätzchendose kühl und dunkel aufbewahren.

TIPP:

Gewürznelken veredeln mit ihrem leicht bitteren Geschmack viele traditionelle Weihnachtsplätzchensorten. Dieses als ganze Blüte oder als Pulver erhältliche Gewürz wird aus den Blüten des Nelkenbaumes gewonnen und sollte aufgrund seiner starken Würzkraft sehr sparsam eingesetzt werden.

Pro Portionen:
Für ca. 60 Stück:

Schwierigkeit:
leicht

Zubereitungszeit:
30 Minuten

Impressum

Bildnachweis Umschlag-Illustrationen:
© www.shutterstock.com: jayz

ISBN 978–3–945623–17–6